5 CONSIGLI PER INIZIARE

1) COME RISOLVERE LE PAROLE INTRECCIATTE

I puzzle hanno un formato classico:

- Le parole sono nascoste senza spazi o trattini,...
- Orientamento: Le parole possono essere scritte in avanti, indietro, verso l'alto, verso il basso o in diagonale (possono essere invertite).
- Le parole possono sovrapporsi o intersecarsi.

2) APPRENDIMENTO ATTIVO

Accanto ad ogni parola c'è uno spazio per scrivere la traduzione. Per incoraggiare l'apprendimento attivo, un **DIZIONARIO** alla fine di questa edizione vi permetterà di controllare e ampliare le vostre conoscenze. Cerca e scrivi le traduzioni, trovale nel puzzle e aggiungile al tuo vocabolario!

3) SEGNARE LE PAROLE

Puoi inventare il tuo sistema di segni. Forse ne usi già uno? Per esempio, puoi segnare le parole difficili da trovare con una croce, le parole preferite con una stella, le parole nuove con un triangolo, le parole rare con un diamante, e così via.

4) STRUTTURARE L'APPRENDIMENTO

Questa edizione offre un **TACCUINO** alla fine del libro. In vacanza, in viaggio o a casa, puoi organizzare facilmente le tue nuove conoscenze senza bisogno di un secondo quaderno!

5) AVETE FINITO TUTTE LE GRIGLIE?

Nelle ultime pagine di questo libro, nella sezione della **SFIDA FINALE**, troverete un gioco gratuito!

Facile e veloce! Dai un'occhiata alla nostra collezione di libri di attività per il tuo prossimo momento di divertimento e **apprendimento,** a portata di clic!

Trova la tua prossima sfida su:

BestActivityBooks.com/MioProssimoLibro

Scoprire i Giochi Gratuiti Online

Disponibile Qui:

BestActivityBooks.com/FREEGAMES

Ai vostri posti, pronti...Via!

Sapevi che ci sono circa 7.000 lingue diverse nel mondo? Le parole sono preziose.

Amiamo le lingue e abbiamo lavorato duramente per creare libri di altissima qualità. I nostri ingredienti?

Una selezione di argomenti adatti all'apprendimento, tre buone porzioni di intrattenimento, una cucchiaiata di parole difficili e una spolverata di parole rare. Li serviamo con amore e entusiasmo in modo che tu possa risolvere i migliori giochi di parole e divertirti imparando!

La vostra opinione è essenziale. Puoi partecipare attivamente al successo di questo libro lasciandoci un commento. Ci piacerebbe sapere cosa ti è piaciuto di più di questa edizione.

Ecco un link veloce alla pagina dell'ordine:

BestBooksActivity.com/Recensione50

Grazie per il vostro aiuto e buon divertimento!

Tutta la squadra

1 - Scacchi

```
F Y V Z I R I Z C L Y X E V W X
V T R G T J B R E W E B T T E W
C B S Q E F M A I M S R K L I U
J V S J F S V W G L P V N T S R
G G P S V E M H E R I K U E S K
B L I C W L O C T I E Z P L N Ö
V R E N G E G S A B L J X R P N
L I L F Ö X O Z R W T N M Q O I
A N E P S K E K T U S V D Q B G
N R R D N F M L S P A S S I V I
O R E G E L N U T U R N I E R N
G P H P H J G G S H B N R W H A
A O F G W O L D Z P F I U V S C
I O R E H V U S I K B S Z U F S
D R N Y R C H A M P I O N J Y I
C U K Q I S R Q J I T H D E V N
```

GEGNER   LERNEN
WEISS   PUNKTE
CHAMPION   KÖNIG
WETTBEWERB   KÖNIGIN
DIAGONAL   REGELN
SPIELER   OPFER
SPIEL   STRATEGIE
KLUG   ZEIT
SCHWARZ   TURNIER
PASSIV

2 - Salute e Benessere #2

```
K R K V E G E Q R U A E A H K I
R S R U E I G R E N E Z L Y Z N
A J A J I R E P R Ö K W L G A F
N T N Q K Z D N U S E G E I N E
K H K R S V I A C T F L R E A K
E T H C I W E G U R J X G N T T
N U E I R O L A K U I M I E O I
H T I M G N U R H Ä N R E I M O
A T T K A C W X P C A G G T I N
U C Ä V A S G E N E T I K Y E X
S O I K W F S A P P E T I T J B
N G D X L O I A B W O J H U A U
A X J S B C E I G L W I X D O L
Y G O G G M G W D E U N C G I E
V I T A M I N O L Z S T I E X Q
H Z Q H A U S T R O C K N U N G
```

ALLERGIE	HYGIENE
ANATOMIE	INFEKTION
APPETIT	KRANKHEIT
KALORIE	MASSAGE
KÖRPER	ERNÄHRUNG
DIÄT	KRANKENHAUS
VERDAUUNG	GEWICHT
AUSTROCKNUNG	BLUT
ENERGIE	GESUND
GENETIK	VITAMIN

3 - Aggettivi #2

```
N K P T S K Z R U B S W L W K F
A H I R Ü H L P Y S E A A S L K
T O L O S V O N H S X R L J K B
Ü E H C S I T A M A R D Ü Z D D
R L X K H T S N T W W Y H H I X
L E U E N A N O R M A L U B M G
I G U N I E R U L T A X N T W T
C A L H Y R G E S U N D G V A T
H N X O Q K G K J H X O R Q N I
B T N A S S E R E T N I I E N V
C X K W B R X A Q M H H G W J T
R P R O D U K T I V T B E L F U
E U B G I C F S T S C Y C I E W
A U T H E N T I S C H L G W S X
E M B E S C H R E I B E N D S S
Q O D H T J J A F L U Y F X L E
```

HUNGRIG
TROCKEN
AUTHENTISCH
HEISS
KREATIV
BESCHREIBEND
SÜSS
DRAMATISCH
ELEGANT
BERÜHMT

STARK
INTERESSANT
NATÜRLICH
NORMAL
NEU
STOLZ
PRODUKTIV
REIN
SALZIG
GESUND

4 - Pesca

```
V  K  Y  K  S  S  U  L  F  X  G  M  J  B  G  A
P  I  O  L  O  E  R  J  M  T  E  L  R  O  N  E
Y  V  B  R  B  P  E  E  U  M  D  Q  B  Y  U  X
W  S  A  A  B  H  W  K  U  V  U  U  O  N  B  U
C  S  V  J  I  L  A  I  K  I  L  B  V  O  I  N
U  T  H  A  R  D  S  E  F  O  D  H  A  K  E  N
A  R  Q  V  M  S  S  F  B  C  C  O  A  O  R  E
U  A  V  H  B  F  E  E  B  C  E  H  Y  P  T  S
S  N  Y  X  S  U  R  R  U  S  E  N  E  K  R  S
R  D  K  I  E  M  E  N  I  C  U  E  L  N  E  O
Ü  V  B  K  F  Z  Q  G  K  Ö  D  E  R  G  B  L
S  A  P  T  A  R  K  P  O  W  Y  G  C  C  Ü  F
T  O  O  B  Z  H  C  Z  Z  U  S  C  R  I  Z  J
U  X  W  I  U  K  T  I  E  Z  S  E  R  H  A  J
N  W  N  A  Q  X  L  F  A  G  R  L  I  G  K  N
G  G  E  W  I  C  H  T  N  V  F  Z  C  I  R  L
```

WASSER	HAKEN
AUSRÜSTUNG	SEE
BOOT	KIEFER
KIEMEN	OZEAN
KORB	GEDULD
KOCHEN	GEWICHT
ÜBERTREIBUNG	FLOSSEN
KÖDER	STRAND
DRAHT	JAHRESZEIT
FLUSS	

5 - Ingegneria

```
E F C G X R G E Z Z D D M Z S J
N B K B E I R T N A R I A P T Q
E T G T K T F A S N E A S T R N
R O D Ä R X R Z H B H G C I U O
G G G T Ä G R I C W U R H E K I
I G P I T S Y A E Z N A I K T T
E A W L S B W R S B G M N G U K
Q C W I N K E L X V E M E I R U
A H O B D D U R C H M E S S E R
B S X A L I E D Z T J V P S M T
O E J T L K E K A X I U K Ü E S
H Q N S V G R S M F U E A L S N
M O T O R K Y O E O W F F F S O
U R Y W A Y R R S L O L V E U K
B E R E C H N U N G D H E D N G
J V E R T E I L U N G R K C G U
```

WINKEL	GETRIEBE
ACHSE	FLÜSSIGKEIT
BERECHNUNG	MASCHINE
KONSTRUKTION	MESSUNG
DIAGRAMM	MOTOR
DURCHMESSER	TIEFE
DIESEL	ANTRIEB
VERTEILUNG	DREHUNG
ENERGIE	STABILITÄT
STÄRKE	STRUKTUR

6 - Archeologia

```
M  I  L  L  E  T  Ä  T  I  U  Q  I  T  N  A  Z
A  F  O  U  X  G  E  S  Y  L  A  N  A  P  Z  I
N  D  B  G  P  H  E  M  M  O  K  H  C  A  N  V
N  Z  P  B  E  B  W  H  P  P  U  H  E  K  W  I
S  H  W  P  R  P  Z  V  E  E  P  F  I  G  P  L
C  R  Z  N  T  C  R  T  K  I  L  E  R  M  D  I
H  Z  Y  M  E  I  J  O  L  G  M  O  I  Ä  U  S
A  F  N  A  N  Y  I  Q  F  K  J  N  X  R  I  A
F  O  B  J  E  K  T  E  C  E  V  E  I  A  G  T
T  T  T  J  H  S  A  Z  X  U  S  S  F  S  R  I
R  R  E  H  C  S  R  O  F  R  U  S  O  L  A  O
V  D  V  Y  O  Y  I  G  W  A  M  E  O  L  B  N
E  O  I  Z  N  V  R  G  R  L  P  G  I  R  R  M
U  N  B  E  K  A  N  N  T  T  J  R  I  P  V  L
Y  S  P  F  O  S  S  I  L  T  M  E  J  E  B  Z
A  U  S  W  E  R  T  U  N  G  B  V  T  F  B  W
```

ANALYSE	OBJEKTE
ANTIQUITÄT	KNOCHEN
URALT	PROFESSOR
ZIVILISATION	RELIKT
VERGESSEN	FORSCHER
NACHKOMME	UNBEKANNT
ÄRA	MANNSCHAFT
EXPERTE	TEMPEL
FOSSIL	GRAB
GEHEIMNIS	AUSWERTUNG

7 - Salute e Benessere #1

```
F  S  T  B  B  C  X  C  M  H  O  R  M  O  N  E
X  U  H  H  V  E  H  Ö  H  E  Y  D  N  C  Z  R
D  I  E  F  J  V  H  U  D  B  D  Z  J  J  A  Y
N  B  R  R  M  W  O  A  E  S  V  I  E  Z  R  I
A  E  A  A  W  M  J  I  N  X  E  X  Z  Q  Z  P
B  V  P  K  E  M  V  V  A  D  H  V  G  I  T  J
N  G  I  T  U  A  H  I  P  G  L  K  N  M  N  U
B  E  E  U  Z  E  E  R  O  P  E  U  U  H  K  Y
A  T  R  R  U  I  Z  U  T  E  K  I  N  I  L  K
K  N  X  V  X  S  O  S  H  H  S  Z  N  G  Y  Q
T  K  Q  T  E  P  M  M  E  U  U  Y  A  N  Q  U
I  A  W  Y  L  N  V  V  K  N  M  E  P  U  Z  D
V  R  V  C  F  X  N  D  E  G  L  N  S  T  F  W
B  A  K  T  E  R  I  E  N  E  G  M  T  L  C  F
Q  I  P  O  R  J  N  I  V  R  A  D  N  A  K  N
T  J  G  E  W  O  H  N  H  E  I  T  E  H  V  C
```

GEWOHNHEIT	MUSKEL
HÖHE	NERVEN
AKTIV	HORMONE
BAKTERIEN	HAUT
KLINIK	HALTUNG
HUNGER	REFLEX
APOTHEKE	ENTSPANNUNG
FRAKTUR	THERAPIE
MEDIZIN	BEHANDLUNG
ARZT	VIRUS

8 - Aggettivi #1

```
I  F  W  E  R  T  V  O  L  L  O  V  T  L  U  L
I  D  P  F  Y  L  G  X  A  Z  G  Q  J  P  M  T
N  L  E  L  C  R  E  W  R  D  I  X  F  S  C  R
B  G  D  N  N  Ü  D  O  E  W  Z  A  S  C  N  A
G  V  G  I  T  H  C  I  W  E  I  P  G  H  B  R
C  I  U  C  V  I  T  K  A  H  E  E  R  W  B  O
X  O  A  N  Y  L  S  S  O  R  G  R  O  E  Q  M
U  X  B  J  U  N  G  C  T  L  R  F  S  R  V  A
B  H  S  L  Q  K  N  N  H  I  H  E  S  X  I  T
H  D  O  E  Z  L  A  C  R  C  E  K  Z  Q  C  I
Z  E  L  M  P  V  L  M  X  H  Q  T  Ü  G  M  S
F  O  U  M  Z  T  S  G  L  M  Y  W  G  Z  O  C
T  E  T  N  A  X  O  N  O  Y  T  E  I  L  D  H
K  Ü  N  S  T  L  E  R  I  S  C  H  G  B  E  C
R  L  A  N  G  S  A  M  J  X  U  Z  S  Q  R  D
R  I  E  S  I  G  E  X  O  T  I  S  C  H  N  E
```

EHRGEIZIG
AROMATISCH
KÜNSTLERISCH
ABSOLUT
AKTIV
RIESIG
EXOTISCH
GROSSZÜGIG
JUNG
GROSS

IDENTISCH
WICHTIG
LANGSAM
LANG
MODERN
EHRLICH
PERFEKT
SCHWER
WERTVOLL
DÜNN

9 - Geologia

```
K C V H Q T E D E S A X M T R V
S F R X U U U A E T A L P A W U
S X X V X K A I T A V A L J I L
T H C I H C S R E L L A R O K K
A J A I V L X B Z A U H G Y E A
L E T I C A D O Q G J I N J K N
A H Ö H L E B Y V M K M E U Y G
K S K F P C F T Y I Y Z I D K F
T T A X E R U Ä S T M C L T N O
I E L N O I S O R E E B A A K S
T I Z D A S Z L F N N H R C S S
K N I G U Y K O N T I N E N T I
D W U N K E R D B E B E N Z U L
L V M X M G T T B B Y X I X U Q
K R I S T A L L E R O G M A O U
L B A Q O H K L G Q P U V B O B
```

SÄURE	LAVA
PLATEAU	MINERALIEN
KALZIUM	STEIN
HÖHLE	QUARZ
KONTINENT	SALZ
KORALLE	STALAGMITEN
KRISTALLE	STALAKTIT
EROSION	SCHICHT
FOSSIL	ERDBEBEN
GEYSIR	VULKAN

10 - Campeggio

```
S A I G N R H F A L K L A D K J
G B Ä U M E E Ä B R A M D L A W
D X Y P R U W P N A N O F G B T
H D C T L E H C Y G U N V I I I
J J K A R T E T L J E D E H N E
N A T U R N V E S W C M W U E R
A S L X V E I N S E K T A T R E
N S E H X B W T S S A P S T O Y
C N Z N R A R K A U Z M S S T F
B Z R A L S P H P S S K N X K E
N U P P Z D N I M N R B I D V H
U N B Q P P S H O X V S E N T J
J P L M J Q E U K E W A I R Q M
X L H K A Q I F J R S K P F G T
A U G E G Z L S F E U E R Y P X
R J B C D I I D Y U C B D Z W A
```

BÄUME
HÄNGEMATTE
TIERE
ABENTEUER
KOMPASS
KABINE
JAGD
KANU
HUT
SEIL

SPASS
WALD
FEUER
INSEKT
SEE
MOND
KARTE
BERG
NATUR
ZELT

11 - Arti Visive

```
V L N H Z M V Q S H C A W P O H
P X K R E W R E T S I E M E W O
B O F E N O L B A H C S O R P L
L E R S W C P C F T V J S S P Z
E O X T I U T T F X G Q K P E K
I B O N R U H B E D L Ä M E G O
S S K B C Ä C I L B E J I K P H
T A H R Q D T H E K D G F T F L
I N A Z F I L M I Z I B J I O E
F O O C Q F M F D O E M N V T L
T B J T N W G W Q J R X A E O T
D R T A R C H I T E K T U R D O
K R E A T I V I T Ä T T I R E N
K Ü N S T L E R U T P L U K S K
S T I F T L A C K M S Z M M Q D
H Y B Y X Z N I V E Y J P L U H
```

ARCHITEKTUR   FOTO
TON   KREIDE
KÜNSTLER   BLEISTIFT
MEISTERWERK   STIFT
HOLZKOHLE   GEMÄLDE
STAFFELEI   PERSPEKTIVE
WACHS   PORTRÄT
KERAMIK   SKULPTUR
KREATIVITÄT   SCHABLONE
FILM   LACK

12 - Tempo

```
M  M  E  Z  T  O  M  A  U  Z  O  M  I  Z  U  Z
P  O  W  O  C  H  E  Q  D  L  I  U  I  U  Y  S
U  Z  N  E  G  R  O  M  Q  Z  N  M  O  K  U  W
I  M  H  A  A  O  H  C  B  Z  N  B  K  U  S  E
I  G  B  Z  T  V  S  A  L  T  H  C  A  N  C  D
V  G  E  S  T  E  R  N  J  H  A  J  L  F  L  R
C  P  B  B  I  H  H  O  J  E  H  G  E  T  N  X
X  O  Q  N  M  W  U  K  C  U  N  M  N  N  Y  D
M  I  N  U  T  E  J  P  B  T  A  N  D  L  A  B
J  T  L  N  B  D  V  H  K  E  G  E  E  Q  W  B
N  A  C  H  T  N  Q  T  N  H  E  Z  R  H  A  J
Y  T  C  E  P  U  Z  N  J  V  O  F  U  C  L  R
R  O  Q  H  C  T  Q  U  B  L  I  N  P  P  G  S
C  U  R  G  Q  S  U  U  J  O  U  A  A  Y  K  R
V  J  Ä  H  R  L  I  C  H  Q  I  L  X  X  Q  K
J  A  H  R  H  U  N  D  E  R  T  L  Q  G  N  H
```

JAHR	MITTAG
JÄHRLICH	MINUTE
KALENDER	NACHT
JAHRZEHNT	HEUTE
NACH	STUNDE
ZUKUNFT	UHR
TAG	BALD
GESTERN	VOR
MORGEN	JAHRHUNDERT
MONAT	WOCHE

13 - Astronomia

```
S  C  H  W  E  R  K  R  A  F  T  A  A  H  Q  E
T  E  L  E  S  K  O  P  U  B  E  S  S  T  O  D
C  J  E  P  N  T  S  M  Z  E  A  T  T  Q  Z  L
A  S  T  R  O  N  A  U  T  C  P  R  E  E  W  A
S  G  E  O  I  K  O  S  M  O  S  O  R  K  G  P
U  A  N  E  T  T  H  R  P  G  S  N  O  V  A  M
P  L  A  T  A  I  Q  E  I  H  E  O  I  A  F  R
E  A  L  E  L  N  X  V  H  O  S  M  D  K  Y  L
R  X  P  M  L  E  S  I  E  R  K  R  E  I  T  E
N  I  W  R  E  Q  Y  N  G  O  H  L  L  E  J  E
O  E  A  Y  T  R  B  U  I  E  R  D  E  J  O  E
V  P  G  O  S  N  E  B  E  L  G  D  M  X  Z  B
A  M  Z  G  N  U  L  H  A  R  T  S  M  O  N  D
N  G  O  C  O  J  S  V  C  N  W  E  I  R  T  A
C  Z  P  Q  K  V  D  O  C  Z  T  I  H  T  C  T
O  B  S  E  R  V  A  T  O  R  I  U  M  M  K  Q
```

ASTEROID	NEBEL
ASTRONAUT	OBSERVATORIUM
ASTRONOM	PLANET
HIMMEL	STRAHLUNG
KOSMOS	RAKETE
KONSTELLATION	SUPERNOVA
GALAXIE	TELESKOP
SCHWERKRAFT	ERDE
MOND	UNIVERSUM
METEOR	TIERKREIS

14 - Algebra

```
U E X P O N E N T B R O T K A F
N N M V D N C F F A I G L L M O
U O E O E L B A I R A V Ö K D R
L I L N A R E M M U N Z S L F M
L S B H D J E M V J O X U A A E
B I O N X L X I R T A M N M L L
V V R L Z C I Q N L N P G M S D
B I P F C J P C O F I X O E C D
R D K H B H Y G H A N O R H P
S U B T R A K T I O N C E N B T
B R U C H T E I L R F X H A Q G
P D P U Y D I A G R A M M E R R
G M Y G L E I C H U N G J X N A
I V J O W M P J E W H I R S K P
J R K O S N A P F Q J S Y W I H
B W Y B B V L Q L O B H E V N V
```

DIAGRAMM	LINEAR
DIVISION	MATRIX
GLEICHUNG	NUMMER
EXPONENT	KLAMMERN
FALSCH	PROBLEM
FAKTOR	VEREINFACHEN
FORMEL	LÖSUNG
BRUCHTEIL	SUBTRAKTION
GRAPH	VARIABLE
UNENDLICH	NULL

15 - Mitologia

```
H  Y  B  J  N  S  T  A  R  M  J  K  F  E  K  R
I  L  X  L  O  F  W  S  U  P  O  R  R  I  A  B
M  H  C  S  I  G  A  M  T  F  W  D  Q  F  T  Y
M  G  L  E  T  T  H  E  A  Ä  Y  B  P  E  A  L
E  O  P  U  A  F  Z  F  E  U  R  V  Y  R  S  A
L  T  O  Q  E  X  M  O  R  I  H  K  T  S  T  B
E  T  G  E  R  D  P  G  K  U  N  O  E  U  R  Y
A  H  W  R  K  V  C  F  D  D  L  U  H  C  O  R
U  E  G  T  T  E  C  Y  A  L  R  Q  C  H  P  I
K  I  V  I  A  R  R  U  O  E  E  G  R  T  H  N
R  T  R  S  K  H  O  L  T  H  T  G  A  D  E  T
I  E  A  Z  T  A  N  R  B  L  S  T  E  G  G  H
E  N  C  N  J  L  E  N  H  I  N  A  U  N  M  Z
G  Z  H  R  U  T  L  U  K  D  O  T  C  U  D  F
E  Y  E  R  R  E  N  N  O  D  M  G  F  V  N  E
R  I  R  F  V  N  S  T  E  R  B  L  I  C  H  M
```

ARCHETYP	EIFERSUCHT
VERHALTEN	KRIEGER
KREATUR	LABYRINTH
KREATION	LEGENDE
KULTUR	MAGISCH
KATASTROPHE	STERBLICH
GOTTHEITEN	MONSTER
HELD	HIMMEL
STÄRKE	DONNER
BLITZ	RACHE

16 - Piante

```
L  C  H  I  X  E  A  M  M  B  L  V  Z  X  B  H
I  A  W  E  C  Q  J  O  Z  A  V  K  W  Q  G  J
M  R  U  E  F  E  K  O  W  U  I  W  L  X  U  E
H  O  T  B  P  R  A  S  W  M  P  E  O  Q  G  Z
D  L  A  W  E  E  K  A  U  G  X  U  E  Y  U  I
U  F  B  W  P  E  T  R  R  E  G  N  Ü  D  Y  V
B  V  X  A  A  B  U  G  Z  V  O  U  B  R  E  E
Z  F  B  Q  M  C  S  V  E  C  E  H  I  Y  L  G
N  E  L  J  S  B  H  P  L  U  R  M  B  J  L  E
S  Y  U  S  H  H  U  S  O  K  V  I  W  F  D  T
R  X  M  A  U  G  W  S  E  I  B  U  S  C  H  A
G  Q  E  M  E  C  K  Q  N  N  E  T  R  A  G  T
R  Q  O  S  L  K  G  Q  H  A  H  F  B  X  G  I
R  L  Y  O  Q  C  H  U  O  T  Q  X  S  H  C  O
D  F  J  U  T  Z  F  S  B  O  C  D  Q  O  L  N
H  O  W  J  K  T  T  A  L  B  N  E  T  Ü  L  B
```

BAUM	DÜNGER
BEERE	BLUME
BAMBUS	FLORA
BOTANIK	LAUB
KAKTUS	WALD
BUSCH	GARTEN
WACHSEN	MOOS
EFEU	BLÜTENBLATT
GRAS	WURZEL
BOHNE	VEGETATION

17 - Spezie

```
S Z K H U D C M K A R D A M O M
O Ü I T W I S R B P R W Y R B Y
V D S M Q P C E B O T A G W I I
J G P S T E N D K S Z M R L T N
X E C O N B I N F N E O H A T G
S E J M U S K A T N U S S N E W
S A L Z B E J I C T C I N I R E
X H W G N Y Z R I O C R U S J R
K C O K H E D O Q Z W I E B E L
I U K P N D S K Q O P V U V Z E
K A R E F F E F P G G B T A T H
N L W K Q E V R C U R R Y N I C
V B Y N U S A F R A N V K I R N
U O P D W M G R I K K A L L K E
K N D N E T A K I R P A P L A F
Q K K R E U Z K Ü M M E L E L X
```

KNOBLAUCH	SÜSS
BITTER	FENCHEL
ANIS	LAKRITZE
ZIMT	MUSKATNUSS
KARDAMOM	PAPRIKA
ZWIEBEL	PFEFFER
KORIANDER	SALZ
KREUZKÜMMEL	VANILLE
KURKUMA	SAFRAN
CURRY	INGWER

18 - Numeri

```
S  F  L  Ö  W  Z  F  B  U  F  N  V  A  S  O  D
M  I  Ü  T  E  I  E  R  D  H  B  I  B  W  Z  Y
P  Z  E  N  H  E  Z  H  C  E  S  E  Z  J  G  E
P  R  W  B  F  W  U  K  A  R  E  R  P  U  R  P
T  E  T  A  Z  Z  Q  U  C  I  O  Z  T  I  W  D
S  Y  D  E  N  E  E  U  H  P  A  E  F  I  L  E
E  I  N  H  E  Z  H  H  T  Q  D  H  Ü  X  O  Z
C  N  N  G  B  W  I  N  N  Q  V  N  N  T  Z  I
H  H  S  I  E  L  N  G  V  I  E  R  F  H  B  M
S  J  J  W  I  N  H  U  N  H  E  Z  T  H  C  A
O  U  A  A  S  N  E  U  N  Z  E  H  N  W  E  L
D  R  E  I  Z  E  H  N  P  W  R  R  L  C  Y  L
B  N  E  U  N  S  C  G  O  X  K  N  P  K  N  U
A  Y  G  G  W  N  M  Z  C  X  J  W  G  W  M  N
D  B  H  V  V  L  N  Z  F  I  U  E  C  Z  U  P
C  O  D  Q  B  K  Y  A  V  C  V  Q  A  Y  X  F
```

FÜNF	VIERZEHN
DEZIMAL	VIER
NEUNZEHN	FÜNFZEHN
SIEBZEHN	SECHZEHN
ACHTZEHN	SECHS
ZEHN	SIEBEN
ZWÖLF	DREI
ZWEI	DREIZEHN
NEUN	ZWANZIG
ACHT	NULL

19 - Cioccolato

```
I  U  H  F  M  D  Y  A  G  K  B  U  L  A  R  A
R  Z  C  G  H  C  I  L  K  R  E  W  D  N  A  H
E  F  N  W  N  N  T  F  N  A  C  Y  G  T  L  A
K  A  R  A  M  E  L  L  E  J  K  U  B  I  Q  R
C  T  E  K  Ö  S  T  L  I  C  H  A  A  O  U  O
U  Y  V  B  D  S  E  T  R  H  X  K  O  X  A  M
Z  Y  L  S  E  E  L  N  O  A  M  O  P  I  L  A
D  G  U  Y  Ü  X  Z  S  L  K  N  K  B  D  I  O
B  H  P  P  G  S  G  C  A  B  P  O  E  A  T  H
L  S  H  P  Y  I  S  H  K  Y  G  S  R  N  Ä  N
R  E  X  O  T  I  S  C  H  W  B  N  D  S  T  F
E  E  G  E  S  C  H  M  A  C  K  U  N  Y  A  H
T  S  Z  C  F  D  Z  R  Y  U  A  S  Ü  C  T  S
T  Z  G  E  F  A  V  O  R  I  T  S  S  O  U  U
I  C  B  A  P  N  H  S  A  K  A  W  S  D  Z  H
B  H  Q  A  W  T  Y  W  S  D  V  G  E  K  X  V
```

BITTER	EXOTISCH
ANTIOXIDANS	GESCHMACK
ERDNÜSSE	ZUTAT
AROMA	ESSEN
HANDWERKLICH	KOKOSNUSS
KAKAO	PULVER
KALORIEN	FAVORIT
KARAMELL	QUALITÄT
KÖSTLICH	REZEPT
SÜSS	ZUCKER

20 - Immigrazione

```
F  L  N  S  T  E  T  O  P  G  P  P  G  F  O  E
A  R  O  M  I  L  E  R  I  E  R  B  E  I  F  N
N  Q  I  J  X  T  K  A  X  S  O  F  H  N  F  O
K  P  T  S  Z  E  U  F  B  E  Z  V  Ä  A  I  R
B  U  A  S  T  G  K  A  H  T  E  X  U  N  Z  Z
V  H  K  E  U  N  R  O  T  Z  S  D  S  Z  I  L
E  T  I  R  H  U  G  E  G  I  S  Y  E  I  E  P
R  U  N  T  C  G  K  F  N  N  O  L  E  E  R  Q
H  K  U  S  S  I  H  J  U  Z  O  N  V  R  U  L
A  R  M  Q  F  M  I  L  S  C  E  T  K  U  H  F
N  K  M  T  E  H  L  X  Ö  P  P  N  V  N  O  X
D  O  O  Y  C  E  F  E  L  C  L  L  M  G  W  O
L  D  K  B  O  N  E  O  N  J  C  O  F  Q  F  P
U  X  U  D  Q  E  V  E  R  W  A  L  T  U  N  G
N  B  F  S  V  G  E  R  W  A  C  H  S  E  N  E
G  D  S  P  R  A  C  H  E  K  I  N  D  E  R  F
```

ERWACHSENE	SPRACHE
HILFE	PROZESS
GEHÄUSE	SCHUTZ
VERWALTUNG	FRIST
GENEHMIGUNG	SITUATION
KINDER	LÖSUNG
KOMMUNIKATION	STRESS
FINANZIERUNG	VERHANDLUNG
GRENZEN	OFFIZIER
GESETZ	

21 - Guida

```
B R H G Q S F P G X U B D V R R
C J L X K A L G Z K N U A A F I
B R E N N S T O F F F S R Q U M
S B T L A G A C Q A A T R N S N
K M R H U U I G W D L M O T O R
T H A Y T H V O Y R L M T I V E
P R K G O Z H O J E S P O E E G
A O A W I B R E M S E N M H R N
U I L N M M B R L S G Z H R K Ä
T H C I S R O V R A A T W E E G
R F I E Z P N S L R R P H H S
S X Y U N E O U Z T A J B C R S
D W C Y E R I R L S G S E I Z U
I C U T Z M Q I T S Y B G S Z F
N H R M I G E F A H R J Q C P H
V K D U L E N N U T Q D F B A N
```

VORSICHT	MOTORRAD
AUTO	MOTOR
BUS	FUSSGÄNGER
BRENNSTOFF	GEFAHR
BREMSEN	POLIZEI
GARAGE	SICHERHEIT
GAS	STRASSE
UNFALL	VERKEHR
LIZENZ	TRANSPORT
KARTE	TUNNEL

22 - Sport

```
S  C  H  W  I  M  M  E  N  Z  I  E  L  I  Z  X
S  C  F  P  Z  F  V  Z  V  U  D  J  E  K  E  S
P  Q  U  T  Z  X  A  A  Q  W  D  T  B  M  N  I
O  D  V  H  C  F  S  Y  K  V  R  N  O  V  S  R
R  X  B  R  R  S  O  J  M  M  A  R  G  O  R  P
T  L  G  E  S  T  Ä  R  K  E  D  I  D  O  F  D
G  E  S  U  N  D  H  E  I  T  F  C  F  O  H  I
W  K  Z  A  E  E  I  F  E  A  A  H  W  F  U  Ä
Q  S  K  D  Z  O  G  N  U  R  H  Ä  N  R  E  T
Y  U  T  S  N  Z  J  G  G  R  R  F  Y  E  K  S
I  M  D  U  A  R  B  U  O  E  E  V  N  N  N  K
S  W  Z  A  T  G  Z  Y  G  J  N  N  C  I  O  Ö
M  A  X  I  M  I  E  R  E  N  R  M  A  A  C  R
M  E  T  A  B  O  L  I  S  C  H  U  A  R  H  P
O  B  J  V  S  F  Ä  H  I  G  K  E  I  T  E  E
I  K  J  Z  A  T  H  L  E  T  H  W  T  M  N  R
```

TRAINER	METABOLISCH
ATHLET	MUSKEL
FÄHIGKEIT	SCHWIMMEN
RADFAHREN	ERNÄHRUNG
KÖRPER	ZIEL
TANZEN	KNOCHEN
DIÄT	PROGRAMM
STÄRKE	AUSDAUER
JOGGEN	GESUNDHEIT
MAXIMIEREN	SPORT

23 - Caffè

```
W  W  P  I  M  G  W  E  K  P  W  E  B  G  N  F
P  R  Q  D  Y  A  N  N  M  R  A  F  I  N  Y  I
M  N  O  H  U  P  H  F  O  E  S  T  T  C  O  L
S  I  Q  C  F  P  F  L  V  I  S  Y  T  I  M  T
C  E  L  X  J  D  L  W  E  S  E  M  E  R  C  E
H  F  O  C  Z  P  F  E  E  N  R  H  R  N  K  R
W  F  N  B  H  A  R  O  M  A  C  E  U  L  K  G
A  O  V  I  E  L  F  A  L  T  F  Y  U  Y  M  E
R  K  T  A  S  S  E  J  N  T  S  D  F  A  W  S
Z  N  E  G  C  A  Y  R  M  Y  Y  T  X  U  S  C
H  Ä  T  F  L  Ü  S  S  I  G  K  E  I  T  M  H
H  R  S  B  F  H  I  O  R  S  U  Z  K  G  O  M
Q  T  Ö  X  R  D  E  E  W  U  Q  H  K  E  R  A
N  E  R  E  K  C  U  Z  T  F  L  M  H  E  G  C
V  G  E  P  M  M  R  Q  S  Y  I  C  C  I  E  K
Q  V  G  N  U  R  P  S  R  U  S  Q  U  B  N  C
```

SAUER	MILCH
WASSER	FLÜSSIGKEIT
BITTER	MAHLEN
AROMA	MORGEN
GERÖSTET	SCHWARZ
GETRÄNK	URSPRUNG
KOFFEIN	PREIS
CREME	TASSE
FILTER	VIELFALT
GESCHMACK	ZUCKER

24 - Uccelli

```
V M I S Z S B U S V F R T T H T
F F H W F T F A L K E P S T U O
H L E I F O A F H C R G C L T U
S U A N V R L P S U E C H N A C
V C J M M C B G S K H B W E U A
X C P I I H E C N C I N A N B N
G F V I N N H K A U E A N T E I
D R H J D R G K G K R K E E M E
S T R A U S S O U M P I W A Ö X
E K Z Q R R V Z Z W Y L G D W P
D V K M Y I P A P A G E I L E C
R W I E K F W E W H F P V E E E
P I N G U I N Z I D N V U R Y N
T X X G C N P G G N I L E D X Y
Y S D W S D X W X J P K N X W L
M V H C L D S Z I Z N O A X Q D
```

REIHER   PAPAGEI
ENTE   SPATZ
ADLER   PFAU
STORCH   PELIKAN
SCHWAN   TAUBE
KUCKUCK   PINGUIN
FALKE   HUHN
FLAMINGO   STRAUSS
MÖWE   TOUCAN
GANS   EI

25 - Giorni e Mesi

```
D E Z E M B E R E D N E L A K Y
S O N N T A G Z L I R P A G H Q
W O C H E X Q A T E C F J D M J
M J R G T T L M D N W V H U O Y
I V A U G U S T R S V B S I N N
T R U W U W Z I V T A N O M J I
T E R R U J R H A J U O M A E
W I B P S U M H E G V C D V N A
O W E R J P U R E B O T K O U W
C Z F W K J M S D Y M Z B M A P
H U F Y E U X M K K O E Q O R K
J L G A M L T E O Q S V V Q K C
W V C R U I H C E N E X S O J M
U J E B B R E B M E T P E S N U
M N F R E I T A G Y O A F U E F
Y J U I U S A M S T A G G B D D
```

AUGUST	MONTAG
JAHR	DIENSTAG
APRIL	MITTWOCH
KALENDER	MONAT
DEZEMBER	NOVEMBER
SONNTAG	OKTOBER
FEBRUAR	SAMSTAG
JANUAR	SEPTEMBER
JUNI	WOCHE
JULI	FREITAG

26 - Casa

```
B  Z  R  F  G  I  F  T  O  W  C  S  E  G  N  E
I  I  M  J  S  O  R  X  I  I  V  D  A  E  P  S
B  I  L  O  O  G  L  V  O  C  O  S  N  V  K  V
L  R  V  K  W  F  Y  P  Q  N  T  P  X  O  G  G
I  W  C  E  J  H  M  T  K  R  E  M  M  I  Z  A
O  K  X  F  Q  F  Q  W  U  E  P  D  I  X  V  R
T  L  E  G  E  I  P  S  D  T  P  K  O  Q  H  A
H  C  A  D  O  Y  T  Ü  R  S  I  H  Z  B  D  G
E  J  U  M  B  E  S  E  N  N  C  C  U  F  C  E
K  E  P  B  P  H  Y  K  E  E  H  C  Ü  K  K  K
A  T  U  P  D  E  T  X  T  F  X  V  H  J  Z  C
K  A  M  I  N  U  A  Z  R  W  J  P  W  L  X  E
N  H  A  H  R  E  S  S  A  W  X  Q  J  Z  M  D
W  A  N  D  R  H  P  C  G  I  S  L  E  J  R  Y
T  S  K  N  E  D  O  B  H  C  A  D  F  K  C  J
B  O  L  I  W  J  J  A  X  E  H  W  F  B  Q  M
```

DACHBODEN	WAND
BIBLIOTHEK	BODEN
ZIMMER	TÜR
KAMIN	ZAUN
KÜCHE	WASSERHAHN
DUSCHE	BESEN
FENSTER	DECKE
GARAGE	SPIEGEL
GARTEN	TEPPICH
LAMPE	DACH

27 - Fantascienza

```
A F L L O V S I N M I E H E G R
I L L U S I O N M C V Z I R E E
V H W I O N P E U A S M V V X A
V R O B O T E R O T G F J E T L
K I L L M E Q A Z G O I P T R I
F P L A N E T S D A U P N V E S
A Y M W O I I T Z L Q K I Ä M T
N K Q E I P J D P A T Q X E R I
T F V L S O K W T X P L Y X M S
A W I T O T I A V I B Y H A C C
S X G W L S Z R R E H C Ü B R H
T Q K L P Y D O V K O R A K E L
I X K R X D E Y U Y I R F G U N
S C F S E E I G O L O N H C E T
C F Y A J A B U K W Q R O E F S
H P I C A C Z A T O M I C K F K
```

ATOMIC	BÜCHER
KINO	GEHEIMNISVOLL
DYSTOPIE	WELT
EXPLOSION	ORAKEL
EXTREM	PLANET
FANTASTISCH	REALISTISCH
FEUER	ROBOTER
GALAXIE	TECHNOLOGIE
ILLUSION	UTOPIE
IMAGINÄR	

28 - Città

```
U P M Z B F M Q K L T B L M B S
N M U O Ä I L A S C H U L E E Z
I L S O C Y I U R W R K R I Q O
V G E H K B O X G K E B X R J O
E S U M E I N G Q H T T R E E G
R U M S R O N I K Q A N Y L R K
S P L Q E U R I J F E F L A V Z
I E V A I B S G L B H U E G X W
T R N P Q T Q B E K T K Z N R R
Ä M H O Z E R H T F Ä H C S E G
T A L T X S C L O N B A N K P T
Y R Y H T Y C C H R T H W D M A
Q K R E L D N Ä H N E M U L B G
T T W K X S T A D I O N V A G V
V D Y E B I B L I O T H E K O M
D W L A B U C H H A N D L U N G
```

FLUGHAFEN   MARKT
BANK   MUSEUM
BIBLIOTHEK   GESCHÄFT
KINO   BÄCKEREI
KLINIK   SCHULE
APOTHEKE   STADION
BLUMENHÄNDLER   SUPERMARKT
GALERIE   THEATER
HOTEL   UNIVERSITÄT
BUCHHANDLUNG   ZOO

29 - Fattoria #1

```
G  S  W  A  W  H  B  E  E  W  K  D  X  H  O  R
H  O  N  I  G  E  P  U  S  C  A  A  W  A  M  E
V  U  M  M  D  U  F  S  E  P  G  S  T  R  T  I
Y  P  K  U  A  G  E  D  L  E  F  B  S  Z  D  S
W  T  E  U  I  M  R  N  B  D  S  K  Q  E  E  K
Y  D  N  D  H  R  D  A  D  R  E  S  R  R  A
Z  I  E  G  E  L  E  L  K  E  M  P  S  Y  J  L
O  J  H  O  X  J  J  I  P  H  Z  I  A  X  E  B
S  S  S  N  S  I  Z  M  B  F  N  Y  A  I  C  C
S  G  G  F  N  Y  I  Z  H  U  H  N  T  M  P  Z
J  O  D  F  O  V  P  A  U  O  C  F  Y  B  D  U
D  Ü  N  G  E  R  I  U  O  L  D  Y  G  U  W  U
S  R  U  Y  N  K  P  N  U  O  O  Z  G  Y  J  S
S  C  H  W  E  I  N  O  W  S  U  D  Z  Y  G  P
F  S  W  W  I  B  Z  Z  P  Y  J  K  Y  M  A  M
C  N  X  H  B  N  L  E  B  B  R  A  J  T  G  H
```

WASSER	HERDE
BIENE	SCHWEIN
ESEL	HONIG
FELD	KUH
HUND	HUHN
ZIEGE	ZAUN
PFERD	REIS
DÜNGER	SAAT
HEU	LAND
KATZE	KALB

30 - Paesaggi

```
J E K W Q W R I S Y E G L T V Z
A V W V W K L E E T S Ü W N U J
F S O P F B Y E E C S O Q G L G
X W K Z Q C L Z B L F H U C K R
I D C Z W Q O Y L P V V M Y A A
P N N A E Z O E F H A J E N Z
O A S E S I N S E L Ö H M A E G
G R L E S N I B L A H Ü Q I E R
L T A B E F I M R F L G Q Z C E
E S T E R S L V W Q E E T Z I B
T A J R F Z U U N E X L M K C S
S M K G A N H M S T U N D R A I
C F F C L Y E V P S K Y F P R E
H D N W L Y W P N F M A W A Q Q
E X U K X Z Y Q Z O P L G Q B O
R X N V I L Y S T V P P X Y J P
```

WASSERFALL   MEER
HÜGEL   BERG
WÜSTE   OASE
FLUSS   OZEAN
GEYSIR   SUMPF
GLETSCHER   HALBINSEL
HÖHLE   STRAND
EISBERG   TUNDRA
INSEL   TAL
SEE   VULKAN

31 - Energia

```
K U U E R N E U E R B A R W H N
O T M B T D M R G R M G T A I C
H J W O L U I Y J P J O I S T T
L D E E L E K T R I S C H S Z E
E A L I I M Z Z Q A Z O Y E E L
N M T R P P O R N A V T O R H E
S P M T F H O T Y L K Z C S H K
T F S S T K O R O W K P Y T N T
O R U U H A N T T R J O G O K R
F D E D N I W U O N X B N F R O
F K R N H Y N I Z N E B G F P N
E W F I D B F Y H E D I E S E L
T U R B I N E I R E T T A B S L
N U K L E A R Q L U E O G E G U
R G Q U W J B R E N N S T O F F
V E R S C H M U T Z U N G B U H
```

UMWELT
BATTERIE
BENZIN
HITZE
KOHLENSTOFF
BRENNSTOFF
DIESEL
ELEKTRISCH
ELEKTRON
ENTROPIE

PHOTON
WASSERSTOFF
INDUSTRIE
VERSCHMUTZUNG
MOTOR
NUKLEAR
ERNEUERBAR
TURBINE
DAMPF
WIND

32 - Ristorante #2

```
A K G F K S Y N F W E F Y Y B X
B H T N P T A D O B Q Y Z O F K
E F S G E U H R N Z B V T K F E
N K R V O R S P E I S E E I S L
D U E U E Z O L N M Z D Q Q O L
E C S Q C D S N J T T H L J A N
S H S T H Z A G P N U P N I E
S E A C K C T A L E B A G I P R
E N W I N S M Z E Z R Ü W E G E
N S V T Ä I I S L S A L A T G I
Y U Q I R F O N H Ö D O O C F E
N N T V T K X J U E F H J P Y S
S U P P E L K H T J H F K G W Ü
F E D E G W N V S K Y S E S H M
K Ö S T L I C H J P Y J V L C E
L M P H M I T T A G E S S E N G
```

WASSER
VORSPEISE
GETRÄNK
KELLNER
ABENDESSEN
LÖFFEL
KÖSTLICH
GABEL
FRUCHT
EIS

SALAT
SUPPE
FISCH
MITTAGESSEN
SALZ
STUHL
GEWÜRZE
KUCHEN
EIER
GEMÜSE

33 - Moda

```
O Y A G F Q R F B O U T I Q U E
S P I T Z E D L T M M U S T E R
L R M C W X S H N W M D D T C L
G H M O D X G N U D I E L K T O
C K S T I C K E R E I N M D L S
C V K V Z T X T A S X M Y W T
D P H S B B E S C H E I D E N I
O W C Y O A N A U L S Z W Q H L
T R S U E Z Y T B L K F S L H T
E U I S N L E B A T R O F M O K
U T T G U S E M O D E R N O U E
E X K Q I N B G Y E L R W A T V
R E A F R N H C A F N I E U W S
D T R I A Z A K D N E R T O P V
V S P S K T S L P V T Z H Q T H
A N S P R U C H S V O L L T Y K
```

KLEIDUNG

BOUTIQUE

TEUER

KOMFORTABEL

ELEGANT

MUSTER

MODERN

BESCHEIDEN

ORIGINAL

SPITZE

PRAKTISCH

TASTEN

STICKEREI

EINFACH

ANSPRUCHSVOLL

STIL

TREND

STOFF

TEXTUR

34 - Giardino

```
U R W Q T S G K V Y X U Z X N T
S A R G E T T A M E G N Ä H I R
A C S D I L C F R P R U C K E A
B R H H C O J K N A B A S F Q M
O E S A H N Q F E Y G Z N E R P
D C H M U A B P T N M E E D S O
E H O D J F R A R B U Z T I A L
N E C B G R E Q A U V L R K T I
E N B E T Y Q L G S K X A E C N
B U I A M F U H T C H N G U V O
L C C D W J Y O S H F W X E U J
U O B O U W W L B L Z J Q V O R
M X N O C E X X O U C G V V T Z
E U E H D S C H L A U C H E Z N
T E R R A S S E R A S E N B I T
U N K R A U T U J U Q B Z D L P
```

BAUM	BANK
HÄNGEMATTE	VERANDA
BUSCH	RASEN
GRAS	RECHEN
UNKRAUT	ZAUN
BLUME	TEICH
OBSTGARTEN	BODEN
GARAGE	TERRASSE
GARTEN	TRAMPOLIN
SCHAUFEL	SCHLAUCH

35 - Riscaldamento Globale

```
U F G R L B Z I K L I M A J K U
M P N E E E I U N P F T H H T Z
W U U G B V N T K D K R I S E J
E X L I E Ö T E R U U H V Y V N
L L K E N L E M E E N S A G V G
T Q C R S K R P D D E F T H Z N
D E I U R E N E U K N C T R E U
F A W N A R A R Z Q O Y Z D I B
Z Y T G U U T A I A I B T C G E
V D N E M N I T E O T J E J R G
S S E V N G O U R P A X J H E Z
L D O A G E N R E H R K X U N T
X E K R J I A E N R E X E Q E E
H G W Q U A L N U G N G K O I S
A R K T I S L G H I E E Y N Q E
M Y X U P P E G Q R G V M F X G
```

UMWELT
ARKTIS
KLIMA
KRISE
DATEN
ENERGIE
ZUKUNFT
GAS
GENERATIONEN
REGIERUNG

LEBENSRAUM
INDUSTRIE
INTERNATIONAL
GESETZGEBUNG
JETZT
BEVÖLKERUNG
REDUZIEREN
ENTWICKLUNG
TEMPERATUREN

36 - Frutta

```
B  J  O  C  V  A  Y  N  E  K  R  R  Z  H  K  U
L  K  U  J  K  H  Y  Z  E  I  T  V  I  I  P  H
I  B  E  B  U  A  R  T  W  W  A  P  T  M  S  H
R  H  C  I  S  R  I  F  P  I  C  N  R  B  I  P
B  J  F  R  Y  R  G  Z  A  X  C  L  O  E  W  A
R  E  G  N  A  R  O  N  F  I  V  K  N  E  N  P
W  B  B  E  N  I  R  A  T  K  E  N  E  R  N  A
Y  O  E  A  M  X  V  U  E  C  R  F  S  E  Z  Y
T  N  D  E  N  U  R  A  M  J  E  Q  O  H  X  A
T  D  V  Z  R  A  A  E  U  K  E  M  K  C  H  Z
A  P  F  E  L  E  N  L  R  O  B  E  I  S  X  U
A  V  O  C  A  D  O  E  F  B  M  F  R  R  P  Y
B  X  G  A  N  A  N  A  S  P  O  X  P  I  V  I
O  I  N  M  E  L  O  N  E  M  R  A  A  K  A  P
S  N  A  V  I  M  K  V  L  K  B  P  I  N  B  B
G  X  M  S  E  I  H  V  Y  X  C  A  V  O  A  F
```

APRIKOSE	MANGO
ANANAS	APFEL
ORANGE	MELONE
AVOCADO	BROMBEERE
BEERE	NEKTARINE
BANANE	PAPAYA
KIRSCHE	BIRNE
KIWI	PFIRSICH
HIMBEERE	PFLAUME
ZITRONE	TRAUBE

37 - Fattoria #2

```
S C H E U N E R E I T B W S E T
X I C S T E M E J O A E E C S R
V Y L E A N I U I T I W I H S A
J X I I A B E A O F Z Ä Z A E K
S Z M W P Y O B I J N S E F N T
L A M A L L P Z C M R S N L V O
B I E N E N S T O C K E X F E R
G H E Y D Q B W A A I R A C D S
O E M W V N P G V J Z U E J W C
F F R N N J F H Z W V N E L Y H
D G J S N Z L T H H F G Q W Z Ä
F U R S T P F K R X R C Y F H F
H N I O I E N B T P U U Z U Q E
O B S T G A R T E N C L A M M R
G R Q X D T M V X U H Y Q M C I
G Ä N S E F I Q H D T W O V H T
```

LAMM	BEWÄSSERUNG
BAUER	LAMA
BIENENSTOCK	MILCH
ENTE	MAIS
TIERE	GÄNSE
ESSEN	GERSTE
SCHEUNE	SCHÄFER
FRUCHT	SCHAF
OBSTGARTEN	WIESE
WEIZEN	TRAKTOR

38 - Verdure

```
Z G R B J X S I B R Ü K E K R E
W Z P H E S F F N H R I I N E A
I T T N O P C G J G Q I L O T U
E B Ü R W I P I L Z W S I B T B
B S F Y X N J S I V R E S L I E
E T T O L A H C S N A B R A C R
L E F F O T R A K Q F Z E U H G
B S A L A T D O R P J P T C R I
G R A R T I S C H O C K E H Q N
D U O I T Y R I L R H K P P J E
O G R K W S C D R A J T N G T T
S B H K K P O F Y N I X C W O T
W D H K E O X F N D H K X G M O
W J K T B E L E R B S E V U A R
J D P H R P E I R E L L E S T A
Y J I Y H S I Q X O K E T Q E K
```

KNOBLAUCH   ERBSE
BROKKOLI   TOMATE
ARTISCHOCKE   PETERSILIE
KAROTTE   RÜBE
GURKE   RETTICH
ZWIEBEL   SCHALOTTE
PILZ   SELLERIE
SALAT   SPINAT
AUBERGINE   INGWER
KARTOFFEL   KÜRBIS

39 - Musica

```
B F W Q D R O N O F O R K I M H
S S T N M U B L A E A K O M U A
L Y R I S C H A F S H J B A S R
M H C S I S S A L K I X N X I M
U M N U F P Q V E L R N A M C O
S O P M E T H E I O A U G P A N
I X H H C S I T E O P D S E L I
K S M T H Y U Z R O F U E I N E
E P P Y F O F D Z U C H E D A H
R J E H C S I M H T Y H R O U B
E E Z R O H C K T N T O F L F N
P P G H A R M O N I S C H E N D
O S T N E M U R T S N I U M A G
P F R H Ä L X D Y B Y P J C H D
D Q V Q Z S C V C G G V B K M E
Q U J M I A N N V B T Y D F E U
```

ALBUM	MIKROFON
HARMONIE	MUSICAL
HARMONISCH	MUSIKER
BALLADE	OPER
SÄNGER	POETISCH
SINGEN	AUFNAHME
KLASSISCH	RHYTHMISCH
CHOR	RHYTHMUS
LYRISCH	INSTRUMENT
MELODIE	TEMPO

40 - Barbecue

```
D V P Q O E W R A L B Z N E P D
H N I F O I S N B K P J E S F D
U E L C V N O R E G N U H S E M
S S I I R L S R N U E G R E F E
S O W S L A S I D H S H A N F S
S I A L S D E C E G S A K H E S
T A Q O F U M J S A E U D U R E
B G L T F N E F S P G Y D H G R
F R G A W G W R E X A U V Z U E
L A A B T U G U N E T A M O T M
S L K O Y E R C W T T S S X K M
B P B L B L I H J K I S U M T O
J J I O O D L T N C M S P T E S
Z K H E B L L F A M I L I E R P
Z B Q N L E B E I W Z Q M M F R
S A L Z H E Q T A G J B E C V P
```

HEISS	GRILL
ABENDESSEN	SALATE
ESSEN	EINLADUNG
ZWIEBELN	MUSIK
MESSER	PFEFFER
SOMMER	HUHN
HUNGER	TOMATEN
FAMILIE	MITTAGESSEN
FRUCHT	SALZ
SPIELE	SOSSE

41 - Fisica

```
N O R T K E L E H I Z C E X P C
A U C H E M I S C H N J D W C H
O F K H S U M S I T E N G A M A
S Y O L E F G O T C U Z S J C O
C T G H E B U R T N Q W J Y Z S
Q O I M J A N R Ä O E I J X A J
F O R M E L R O T I R E I V I Y
M E C H A N I K I S F R D G U S
M H D I C H T E V N T Y R A G P
A O Y U K I J H I A T O M S R A
L O L Y D T M F T P Y R Q N A R
V M F E M H E G A X J G M J P T
G J A P K G P O L E O B W C H I
V Q Y C E Ü A H E S B T S G Y K
H S B P V D L P R E E W I T D E
U N I V E R S A L J F L Z Y C L
```

ATOM	GRAPH
CHAOS	MAGNETISMUS
CHEMISCH	MECHANIK
DICHTE	MOLEKÜL
ELEKTRON	MOTOR
EXPANSION	NUKLEAR
FORMEL	PARTIKEL
FREQUENZ	RELATIVITÄT
GAS	UNIVERSAL

42 - Agronomia

```
Q  B  J  W  A  C  H  S  T  U  M  H  E  Z  P  S
K  E  O  U  I  W  G  N  A  T  C  V  U  I  R  A
S  Q  M  U  S  K  F  X  U  F  V  B  L  H  O  A
T  J  E  I  D  H  W  T  V  A  W  T  H  J  D  T
E  M  F  T  G  I  T  L  A  H  H  C  A  N  U  I
W  A  S  S  E  R  R  U  N  C  I  F  M  W  K  E
O  C  V  S  L  E  M  E  T  S  Y  S  R  E  T  H
U  R  M  D  A  G  E  H  O  N  F  F  O  R  I  K
J  M  G  K  R  N  M  E  N  E  R  G  I  E  O  N
E  B  W  A  I  Ü  E  R  O  S  I  O  N  Y  N  A
S  O  J  E  N  D  U  U  K  S  R  D  D  V  M  R
S  D  L  C  L  I  L  H  Y  I  O  K  U  C  U  K
E  E  D  R  G  T  S  S  G  W  B  D  Q  T  M  Y
N  N  I  G  N  U  H  C  S  R  O  F  R  K  S  Z
Ö  K  O  L  O  G  I  E  H  C  I  L  D  N  Ä  L
V  E  R  S  C  H  M  U  T  Z  U  N  G  A  U  P
```

WASSER	ORGANISCH
UMWELT	PRODUKTION
ESSEN	FORSCHUNG
WACHSTUM	LÄNDLICH
ÖKOLOGIE	WISSENSCHAFT
ENERGIE	SAAT
EROSION	SYSTEME
DÜNGER	NACHHALTIG
VERSCHMUTZUNG	STUDIE
KRANKHEIT	BODEN

43 - Erboristeria

```
K  V  G  M  R  L  H  Y  R  U  H  Q  W  Q  H  K
A  N  E  T  R  A  G  L  T  G  U  F  Z  U  R  U
F  A  O  D  I  L  N  Y  T  K  W  T  Y  A  B  L
Q  R  S  B  W  A  A  G  N  J  L  Y  I  L  C  I
B  O  A  O  L  E  D  N  E  V  A  L  Y  I  V  N
A  J  F  R  E  A  U  Q  U  N  F  D  O  T  B  A
S  A  R  E  H  W  U  H  P  G  R  Ü  N  Ä  H  R
I  M  A  G  C  T  Y  C  M  D  J  Z  F  T  E  I
L  L  N  A  N  K  Q  S  H  H  P  O  K  Q  Z  S
I  D  P  N  E  A  J  I  T  H  Y  M  I  A  N  C
K  O  I  O  F  W  R  T  V  G  W  Q  O  W  I  H
U  F  G  L  E  A  M  A  E  G  Y  E  K  T  M  D
M  L  M  H  L  X  E  M  U  L  B  Z  U  T  A  T
C  X  D  K  M  X  E  O  E  S  T  R  A  G  O  N
R  Y  E  I  L  I  S  R  E  T  E  P  C  O  V  X
L  O  W  N  S  Q  V  A  R  O  S  M  A  R  I  N
```

KNOBLAUCH

DILL

AROMATISCH

BASILIKUM

KULINARISCH

ESTRAGON

FENCHEL

BLUME

GARTEN

ZUTAT

LAVENDEL

MAJORAN

MINZE

OREGANO

PETERSILIE

QUALITÄT

ROSMARIN

THYMIAN

GRÜN

SAFRAN

44 - Danza

```
E  O  G  Y  Q  E  J  V  K  Z  C  E  G  X  N  O
B  L  S  A  T  S  U  M  H  T  Y  H  R  K  H  E
H  A  L  T  U  N  G  B  E  W  E  G  U  N  G  M
C  S  R  L  R  S  L  B  M  H  X  O  T  V  A  O
R  H  L  L  E  R  U  T  L  U  K  N  L  I  U  T
E  B  O  R  P  N  Z  M  J  L  S  A  U  S  S  I
P  A  V  R  I  V  O  Q  R  Y  L  I  K  U  D  O
R  H  R  I  E  P  D  I  U  W  Z  K  K  E  R  N
Ö  A  E  Z  J  O  W  R  T  S  N  U  K  L  U  R
K  B  N  P  G  G  G  R  D  I  I  Q  H  L  C  O
Y  B  T  L  E  X  X  R  T  C  D  H  Y  J  K  O
S  P  R  I  N  G  E  N  A  P  T  A  T  I  S  A
A  K  A  D  E  M  I  E  I  P  M  Z  R  F  V  N
A  J  P  F  R  E  U  D  I  G  H  L  O  T  O  M
K  L  A  S  S  I  S  C  H  Z  J  I  J  U  L  U
Q  C  Z  D  R  W  W  J  C  Y  V  I  E  P  L  T
```

AKADEMIE	FREUDIG
KUNST	ANMUT
KLASSISCH	BEWEGUNG
PARTNER	MUSIK
CHOREOGRAPHIE	HALTUNG
KÖRPER	PROBE
KULTUR	RHYTHMUS
KULTURELL	SPRINGEN
EMOTION	TRADITIONELL
AUSDRUCKSVOLL	VISUELL

45 - Biologia

```
N Q N I E T O R P Z E L L E E G
K G E I M O T A N A N E R V N D
G U I N I N A T Ü R L I C H X B
C H R O M O S O M S S I D S A W
I F E I I O K H N Y Ä W T A Y R
S B T T D K B F E M U N R P K O
R A K U Y M B I U B G R I V E Y
Q F A L O M Y K R I E T N I S R
I I B O T P P Z O O T N H N O B
T X D V X H L N N S I E K R M M
M L L E D V K H A E E G K X S E
M U T A T I O N O O R A B V O Z
S Y N A P S E M U R D L Z Y S W
C V W J H J X E U R M L U S B A
Q R O E S E H T N Y S O T O H P
U Y T I K G W F V H H K N T C M
```

ANATOMIE	MUTATION
BAKTERIEN	NATÜRLICH
ZELLE	NERV
KOLLAGEN	NEURON
CHROMOSOM	HORMON
EMBRYO	OSMOSE
ENZYM	PROTEIN
EVOLUTION	REPTIL
PHOTOSYNTHESE	SYMBIOSE
SÄUGETIER	SYNAPSE

46 - Attività Commerciale

```
I  N  V  E  S  T  I  T  I  O  N  M  T  S  K  L
M  I  T  A  R  B  E  I  T  E  R  U  S  L  O  Q
T  R  A  N  S  A  K  T  I  O  N  C  P  E  S  F
O  O  H  E  O  K  F  P  R  R  X  Y  G  D  T  I
A  L  L  K  R  E  U  J  J  Ü  D  L  E  G  E  R
F  R  Y  B  Q  N  A  F  U  B  S  A  S  N  N  M
B  I  B  E  I  N  K  O  M  M  E  N  C  U  R  A
U  K  N  E  K  A  R  R  I  E  R  E  H  R  A  M
D  H  Q  A  I  W  E  C  U  D  A  X  Ä  H  B  O
G  E  E  F  N  T  V  N  V  N  W  C  F  Ä  A  N
E  O  L  K  R  Z  G  T  C  D  V  P  T  W  T  R
T  E  C  H  T  B  I  E  F  A  B  R  I  K  T  R
Q  K  J  Y  C  O  Y  E  B  G  E  W  I  N  N  J
V  Q  Q  Z  Y  U  S  S  R  E  I  O  T  T  Y  U
I  R  M  U  Y  I  M  H  J  E  R  G  S  Z  G  T
W  I  R  T  S  C  H  A  F  T  N  O  P  I  Q  U
```

BUDGET	GESCHÄFT
KARRIERE	GEWINN
KOSTEN	EINKOMMEN
ARBEITGEBER	RABATT
MITARBEITER	FIRMA
WIRTSCHAFT	GELD
FABRIK	TRANSAKTION
FINANZIEREN	BÜRO
INVESTITION	WÄHRUNG
WARE	VERKAUF

47 - Fiori

```
G B I E G T Y S G T F T L J L L
K A B H G T A T Ä R J E E I A Ö
I G R A A A F R N I M S A J V W
V L T D I L L A S X K O R H E E
P N F Y E B Z U E U S R U C N N
V S U D X N D S B P K C L I D Z
Y F Y G C E I S L F B S I U E A
V Z A D O T S E Ü I B L I T L H
G K I O Z Ü J O M N X V E B A N
M A G N O L I E C G G Z E I I M
F X U Z H B Y I H S V K D O R H
N K O W G O C L E T A L I L E M
U R S A J I M I N R J E H N M V
Z S O K E E A L E O D E C E U Y
T U L P E L T I I S D U R K L B
N O Z E M U L B N E N N O S P V
```

LÖWENZAHN
GARDENIE
JASMIN
LILIE
SONNENBLUME
HIBISKUS
LAVENDEL
LILA
MAGNOLIE
GÄNSEBLÜMCHEN

STRAUSS
ORCHIDEE
MOHN
PFINGSTROSE
BLÜTENBLATT
PLUMERIA
ROSE
KLEE
TULPE

48 - Filantropia

```
Ö  T  N  E  P  P  U  R  G  G  L  O  B  A  L  C
M  F  B  Ä  G  H  E  R  K  D  B  R  L  O  U  W
I  A  F  N  C  K  B  K  K  M  E  B  O  I  Y  N
S  H  F  E  D  H  G  E  S  C  H  I  C  H  T  E
S  C  K  H  N  K  S  I  L  H  R  H  B  X  Z  R
I  S  K  C  E  T  O  T  U  D  B  E  T  T  Y  E
O  N  I  S  G  I  L  N  E  D  N  E  P  S  I  I
N  I  V  N  U  E  E  I  T  N  X  Q  Z  L  J  Z
E  E  E  E  J  K  T  K  C  A  L  U  W  U  D  N
H  M  S  M  E  H  T  B  G  H  K  I  N  R  K  A
C  E  P  B  B  C  I  S  V  D  E  T  E  K  P  N
U  G  S  I  G  I  M  Z  I  E  L  E  E  B  F  I
A  Z  A  W  Q  L  K  D  A  F  K  U  V  I  E  F
R  J  N  Q  M  R  E  D  N  I  K  A  K  W  U  X
B  F  T  I  E  H  H  C  S  N  E  M  N  Z  M  J
D  I  B  V  E  E  M  M  A  R  G  O  R  P  E  G
```

KINDER	GRUPPEN
BRAUCHEN	MISSION
NÄCHSTENLIEBE	ZIELE
GEMEINSCHAFT	EHRLICHKEIT
KONTAKTE	MENSCHEN
SPENDEN	PROGRAMME
FINANZIEREN	ÖFFENTLICH
MITTEL	GESCHICHTE
JUGEND	MENSCHHEIT
GLOBAL	

49 - Ecologia

```
F L N V N A S L D F Q A H H L N
R Z A V E R E S S O U R C E N D
E B C T I G X W R V R O I N E L
I K H Z U E E I N L Y L L I Z W
W T H F C W L T R A B F R R N E
I N A M I L K F A A S E Ü A A F
L A L L C K E E A T A T T M L D
L T T E F H M Z L L I U A Y F P
I U I B G C O X E O T O N C P I
G R G E R R Ü D X C U A N U A F
E D T N Ü B E R L E B E N H Y G
K P N S S Q E B T U Z O Z R X H
G O P R P E U X I C Y S K I C F
P T F A H C S N I E M E G Q K Y
P C I U G L O B A L M Y Q F T Y
O F P M U S X T W M C F T E B C
```

KLIMA
GEMEINSCHAFT
VIELFALT
FAUNA
FLORA
GLOBAL
LEBENSRAUM
MARINE
BERGE
NATUR

NATÜRLICH
SUMPF
PFLANZEN
RESSOURCEN
DÜRRE
ÜBERLEBEN
NACHHALTIG
ART
VEGETATION
FREIWILLIGE

50 - Discipline Scientifiche

```
G  B  T  N  I  D  Y  J  N  L  B  J  M  M  T  A
M  E  O  F  Q  P  Q  I  E  I  I  C  I  E  H  R
T  K  O  T  F  Y  Q  X  U  N  O  L  N  T  E  C
A  I  W  L  A  N  Y  A  R  G  L  L  E  E  R  H
M  N  Z  Y  O  N  O  B  O  U  O  P  R  O  M  Ä
E  A  A  H  P  G  I  D  L  I  G  S  A  R  O  O
I  H  P  T  Q  J  I  K  O  S  I  Y  L  O  D  L
G  C  L  A  O  I  V  E  G  T  E  C  O  L  Y  O
O  E  T  X  V  M  A  T  I  I  F  H  G  O  N  G
L  M  Q  I  X  C  I  G  E  K  O  O  I  G  A  I
O  P  Y  K  B  Z  I  E  I  H  Z  L  E  I  M  E
I  M  M  U  N  O  L  O  G  I  E  O  X  E  I  D
Z  Ö  K  O  L  O  G  I  E  T  P  G  Q  P  K  J
O  A  S  T  R  O  N  O  M  I  E  I  M  E  H  C
S  B  I  O  C  H  E  M  I  E  C  E  M  P  Y  J
P  H  Y  S  I  O  L  O  G  I  E  W  E  F  I  Y
```

ANATOMIE
ARCHÄOLOGIE
ASTRONOMIE
BIOCHEMIE
BIOLOGIE
BOTANIK
CHEMIE
ÖKOLOGIE
PHYSIOLOGIE
GEOLOGIE

IMMUNOLOGIE
LINGUISTIK
MECHANIK
METEOROLOGIE
MINERALOGIE
NEUROLOGIE
PSYCHOLOGIE
SOZIOLOGIE
THERMODYNAMIK

51 - Acqua

```
W  I  J  Q  R  K  Y  I  Q  Z  S  A  G  H  A  K
L  E  E  S  I  E  S  T  C  G  H  O  R  S  W  R
F  O  L  Z  S  H  Y  L  D  A  K  N  U  I  Q  T
P  L  J  L  Y  L  J  G  R  H  F  L  U  T  Z  V
M  A  U  M  E  G  T  R  I  N  K  B  A  R  T  A
A  N  Y  S  G  N  U  R  E  S  S  Ä  W  E  B  I
D  A  D  Z  S  U  Z  F  E  U  C  H  T  W  L  H
V  K  U  M  M  T  S  O  R  F  U  E  D  P  E  T
P  G  S  S  O  S  H  R  Z  H  Q  G  J  F  S  V
A  Q  C  G  P  N  A  E  Z  O  P  P  H  Q  C  Z
P  U  H  P  B  U  S  R  E  G  E  N  X  Q  H  D
O  Z  E  J  O  D  X  U  Z  G  A  O  L  U  N  U
M  I  K  U  F  R  Z  H  N  C  X  P  I  E  E  S
R  H  A  W  N  E  H  U  R  R  I  K  A  N  E  X
L  E  Y  R  Q  V  A  N  M  U  S  N  W  W  D  K
F  E  U  C  H  T  I  G  K  E  I  T  W  P  M  A
```

FLUT
KANAL
DUSCHE
VERDUNSTUNG
FLUSS
FROST
GEYSIR
EIS
BEWÄSSERUNG
SEE

MONSUN
SCHNEE
OZEAN
WELLEN
REGEN
TRINKBAR
FEUCHTIGKEIT
FEUCHT
HURRIKAN
DAMPF

52 - Imbarcazioni

```
L Q S S E E W E R C Z L G C Q I
F V E S M V E R H Ä F F K B P W
I J E U P Y L D A B M B A H Y U
X I M L U G L N I G Z U F V F P
G M A F M P E O N T M O T O R D
W N N Z N N N H R L C R S V E B
G O N K L Q A Y K S J E A O E D
Z D F Q Y Q E K A J A K M S M U
W O Q P H Q Z C P C O N B E P D
J B V Z T J O N M J H A M G C S
H B Q N U O G G D X B T D E C R
H L J P K A N U E M G I H L X C
P H C S I T U A N B I U D B B O
B O J E E P N S X Q F H A O Z X
Q Y A R C I S I B E O B Y O M L
T K T N D C L F L O S S W T A I
```

MAST	MEER
ANKER	TIDE
SEGELBOOT	SEEMANN
BOJE	MOTOR
KANU	NAUTISCH
SEIL	OZEAN
CREW	WELLEN
FLUSS	FÄHRE
KAJAK	YACHT
SEE	FLOSS

53 - Chimica

```
W O G H C S I N A G R O Q L K S
O U I A L M V U T U R U F E A A
E N Z Y M A R K H S D B F V T L
Z T Z O F L R L Ü K E L O M A Z
T H C I W E G E H H V V T T L F
I B M J F X B A R N F V S M Y L
H T F F O T S R E U A S R H S Ü
T E M P E R A T U R Ä Q E I A S
A I A W Z C R K D G C S S X T S
V T Q D U L X L A X A R S N O I
F F O T S N E L H O K S A H R G
N S I M L X C N J S X Q W D L K
W Z R X I P H C S I L A K L A E
Q D K T K C L X D Y T W N P H I
T W O E B N O R T K E L E G U T
J N V C K P R Y E E Y V K A P A
```

SÄURE
ALKALISCH
ATOMIC
HITZE
KOHLENSTOFF
KATALYSATOR
CHLOR
ELEKTRON
ENZYM
GAS

WASSERSTOFF
ION
FLÜSSIGKEIT
MOLEKÜL
NUKLEAR
ORGANISCH
SAUERSTOFF
GEWICHT
SALZ
TEMPERATUR

54 - Api

```
O  Z  P  P  B  Q  P  I  C  K  U  Q  Q  P  M  L
P  Y  J  L  Q  X  O  J  B  Q  O  K  H  O  A  E
Q  Z  Z  U  E  P  C  D  U  X  G  B  G  L  P  B
T  F  A  H  L  I  E  T  R  O  V  F  D  L  A  E
L  I  L  F  D  W  N  W  G  U  K  W  A  E  H  N
A  N  S  Ü  P  W  W  N  E  T  R  A  G  N  E  S
F  S  N  P  G  V  B  E  R  F  R  U  C  H  T  R
L  E  H  Q  I  E  O  M  R  A  W  H  C  S  Ü  A
E  K  H  K  N  L  L  U  G  Y  U  V  C  O  L  U
I  T  C  Q  O  T  Q  L  H  N  X  C  D  C  B  M
V  K  B  O  H  D  P  B  O  T  P  I  H  S  R  T
P  F  L  A  N  Z  E  N  I  G  I  N  Ö  K  I  K
B  R  O  K  N  E  N  E  I  B  S  O  N  N  E  K
A  N  K  D  W  Z  S  H  C  A  W  E  E  F  C  J
H  O  N  K  Z  Z  L  S  Q  W  F  E  J  Z  O  R
T  B  O  D  Z  K  Y  M  E  T  S  Y  S  O  K  Ö
```

FLÜGEL	RAUCH
BIENENKORB	GARTEN
VORTEILHAFT	LEBENSRAUM
WACHS	INSEKT
ESSEN	HONIG
VIELFALT	PFLANZEN
ÖKOSYSTEM	POLLEN
BLUMEN	KÖNIGIN
BLÜTE	SCHWARM
FRUCHT	SONNE

55 - Strumenti Musicali

```
K  M  I  W  X  E  Q  N  E  A  Y  X  M  C  P  M
P  L  S  V  H  Z  D  D  Z  T  L  O  Q  O  R  V
J  T  A  K  I  N  O  M  R  A  H  D  N  U  M  Z
I  T  H  R  D  O  Y  H  C  B  D  L  V  P  X  Y
G  R  R  N  I  R  U  B  M  A  T  D  X  S  Q  M
I  O  T  H  S  N  O  H  P  O  X  A  S  O  D  S
T  M  N  X  A  C  E  G  I  E  G  J  Q  F  O  I
A  P  J  F  K  S  H  T  L  W  N  D  R  E  J  S
R  E  F  A  V  M  K  L  T  P  O  S  A  U  N  E
R  T  A  J  H  U  R  L  A  E  G  B  L  O  A  T
E  E  G  H  A  R  F  E  A  G  F  J  P  E  B  R
T  O  O  L  L  E  C  I  Q  V  Z  F  U  B  C  O
Ö  B  T  M  A  R  I  M  B  A  I  E  Y  D  D  M
L  O  T  A  R  A  F  F  V  I  Y  E  U  R  J  M
F  E  H  M  A  N  D  O  L  I  N  E  R  G  G  E
R  J  H  P  O  K  Z  N  M  Q  U  S  R  L  X  L
```

MUNDHARMONIKA	OBOE
HARFE	SCHLAGZEUG
BANJO	KLAVIER
GITARRE	SAXOPHON
KLARINETTE	TAMBURIN
FAGOTT	TROMMEL
FLÖTE	TROMPETE
GONG	POSAUNE
MANDOLINE	GEIGE
MARIMBA	CELLO

56 - Professioni #2

```
G H K E A P E L E P L A A A T I
L J W K R H D I R U F S W E S L
G M O X Z I V N F K R T A I I L
M W K M T L P G I R E R H E L U
B H P T X O I U N E H O G L A S
M I R J X S L I D L C N M R N T
U C O O T O O S E A S A F L R R
W Q U L Z P T T R M R U V J U A
C S R R O H F A R G O T O F O T
Z H Q Z N G K B Y B F X L H J O
O I I N K S E G Ä R T N E R P R
O T Z R A N H A Z S E A K P Q O
L Y P R U E I N E G N I D A T H
O M I P P R E R M I T T L E R X
G K M K R F G E O J N Q E D C D
E N B I B L I O T H E K A R P W
```

ASTRONAUT
BIBLIOTHEKAR
BIOLOGE
CHIRURG
ZAHNARZT
PHILOSOPH
FOTOGRAF
GÄRTNER
JOURNALIST
ILLUSTRATOR

INGENIEUR
LEHRER
ERFINDER
ERMITTLER
LINGUIST
ARZT
PILOT
MALER
FORSCHER
ZOOLOGE

57 - Letteratura

```
D  P  X  D  F  F  Z  Q  P  G  J  L  Y  S  B  B
J  I  O  X  B  Y  M  G  E  N  R  E  U  N  J  I
Y  B  A  F  L  J  N  L  J  U  P  O  E  G  M  O
P  O  B  L  K  J  J  C  B  N  A  M  T  N  Z  G
Y  L  F  I  O  R  I  F  N  I  N  E  O  U  L  R
F  E  A  T  A  G  I  T  D  E  A  T  D  B  A  A
D  W  M  S  B  R  Q  T  Y  M  L  A  K  I  R  P
P  O  E  T  I  S  C  H  I  A  Y  P  E  E  H  H
P  L  H  R  E  I  M  C  S  K  S  H  N  R  Y  I
W  A  T  P  H  G  M  I  K  D  E  E  A  H  T  E
T  L  I  F  S  E  I  D  Ö  G  A  R  T  C  H  B
Y  J  X  O  Q  Q  F  E  L  D  L  O  O  S  M  W
P  F  X  C  R  F  P  G  B  F  J  V  Q  E  U  N
B  W  X  O  L  F  R  O  M  A  N  T  Q  B  S  O
V  E  R  G  L  E  I  C  H  V  A  R  N  L  B  C
A  N  A  L  O  G  I  E  P  D  V  J  O  W  J  C
```

ANALYSE	METAPHER
ANALOGIE	MEINUNG
ANEKDOTE	GEDICHT
AUTOR	POETISCH
BIOGRAPHIE	REIM
VERGLEICH	RHYTHMUS
KRITIK	ROMAN
BESCHREIBUNG	STIL
DIALOG	THEMA
GENRE	TRAGÖDIE

58 - Cibo #2

```
W  J  O  M  T  K  P  B  Q  Y  U  D  X  X  Z  S
Q  W  B  S  W  I  I  R  W  U  D  X  K  R  X  M
F  B  N  P  Z  R  L  O  L  F  I  S  C  H  B  U
S  D  S  A  S  S  Z  K  R  E  I  S  N  M  P  Y
X  N  X  Q  C  C  O  K  S  C  F  S  A  E  F  N
C  T  X  F  H  H  W  O  C  K  A  P  N  F  I  K
B  R  O  T  I  E  I  L  H  Ä  E  P  A  E  O  I
T  E  N  A  N  A  B  I  O  S  N  E  Z  I  E  W
J  A  P  T  K  H  B  N  K  E  I  T  O  R  E  I
S  B  U  V  E  R  U  G  O  I  G  A  A  C  B  B
F  Z  T  U  N  R  D  H  L  R  R  M  F  F  U  Q
J  O  G  H  U  R  T  Q  A  E  E  O  G  V  A  J
S  X  G  X  D  C  G  X  D  L  B  T  H  O  R  B
W  E  I  M  U  L  Q  J  E  L  U  X  N  Z  T  A
E  R  N  P  Z  M  J  G  V  E  A  P  J  I  D  B
U  H  B  J  X  V  F  P  F  S  K  U  S  P  Z  Q
```

BANANE	BROT
BROKKOLI	FISCH
KIRSCHE	HUHN
SCHOKOLADE	TOMATE
KÄSE	SCHINKEN
PILZ	REIS
WEIZEN	SELLERIE
KIWI	EI
APFEL	TRAUBE
AUBERGINE	JOGHURT

59 - Nutrizione

```
K  D  I  Ä  T  X  M  R  B  Q  G  F  G  S  U  E
L  O  A  P  P  E  T  I  T  U  E  S  S  O  S  S
N  T  H  C  I  W  E  G  X  A  S  I  F  A  F  S
D  V  P  L  F  B  J  N  G  L  U  P  O  U  L  B
E  S  R  F  E  M  O  B  N  I  N  E  R  S  Ü  A
S  O  U  E  Z  N  P  N  U  T  D  C  F  G  S  R
M  U  B  R  R  C  H  B  U  Ä  H  X  R  E  S  E
A  X  L  M  Ü  B  D  Y  A  T  E  E  B  W  I  A
P  O  P  E  W  Z  J  F  D  N  I  D  O  G  S
J  F  V  N  E  B  T  H  R  R  T  I  N  G  K  Z
L  L  Z  T  G  Y  I  Z  E  S  A  E  U  E  E  V
N  I  M  A  T  I  V  T  V  K  T  T  S  N  I  O
U  Y  V  T  E  G  Q  Q  T  W  D  O  E  U  T  C
T  Q  Y  I  T  O  X  I  N  E  Z  R  G  Q  E  Y
Q  F  F  O  T  S  R  H  Ä  N  R  P  Y  N  N  S
J  B  K  N  K  A  L  O  R  I  E  N  R  N  V  F
```

BITTER	NÄHRSTOFF
APPETIT	GEWICHT
AUSGEWOGEN	PROTEINE
KALORIEN	QUALITÄT
KOHLENHYDRATE	SOSSE
ESSBAR	GESUNDHEIT
DIÄT	GESUND
VERDAUUNG	GEWÜRZE
FERMENTATION	TOXIN
FLÜSSIGKEITEN	VITAMIN

60 - Matematica

```
D X M R I E W E S U I D A R V R
E P V T Q I U I N E M U L O V E
Z C P J G M L R N Q P F X T X C
I J D A B E Q T D K S L A C K H
M C R W Q X J E O Q E B P N S T
A G E I R T E M M Y S L Y O G E
L K I Q M J I O A E G I J G S C
T N E N O P X E T H D N E R E K
X O C L Q O F G M E E K A R U D
E G K Q D U R C H M E S S E R I
O Y X U O D E D F R U O W D T V
X L U A M D F M R F I S X A Q I
K O E D A R I T H M E T I K Z S
G P D R G L E I C H U N G Q E I
F O G A S E N K R E C H T J D O
L I E T H C U R B U Y P U L Q N
```

WINKEL
ARITHMETIK
DEZIMAL
DURCHMESSER
DIVISION
GLEICHUNG
EXPONENT
BRUCHTEIL
GEOMETRIE
UMFANG

SENKRECHT
POLYGON
QUADRAT
RADIUS
RECHTECK
SYMMETRIE
SUMME
DREIECK
VOLUMEN

61 - Meditazione

```
C M Y I Q B Q P S W F Z G S L J
U I N Y R N Z E C T X W N G N B
U T X W I T J R B G I H U R D G
K G P D N A T S R E V L T K D E
H E Z N W G E P R R M M L X Q Z
F F Z K O F U E N G X C A E G S
W Ü U F F R O K K L A R H E I T
G H N A T U R T C A X W C X T F
N L D A B L Q I Q I X N A I S R
U S O C N G T V E X L P W P I I
G L Ü C K N L E E E Z B T B E E
E V D Q I U A R B L S Q N W G D
W M A M S M O H V U O O F I D E
E A C P U T D E M Z S I Q L E N
B V Y L M A E L N E K N A D E G
D A N K B A R K E I T G B Y S J
```

ANNAHME	BEWEGUNG
RUHIG	MUSIK
KLARHEIT	NATUR
MITGEFÜHL	FRIEDEN
GLÜCK	GEDANKEN
DANKBARKEIT	HALTUNG
LEHRE	PERSPEKTIVE
EINBLICK	ATMUNG
GEISTIG	STILLE
VERSTAND	WACH

62 - Elettricità

```
P  S  I  Y  S  V  C  A  T  U  J  H  F  M  N  J
N  O  E  L  E  K  T  R  I  K  E  R  H  A  E  A
H  W  S  Q  L  S  C  L  C  D  O  G  O  G  H  X
N  C  N  I  G  E  N  E  R  A  T  O  R  N  E  N
J  N  X  C  T  E  P  M  A  L  O  Q  U  E  S  E
T  L  I  A  O  I  L  D  R  Ä  H  T  E  T  N  Y
G  F  B  P  G  C  V  E  G  N  E  M  H  B  R  G
E  L  W  Y  S  J  O  V  K  R  E  W  Z  T  E  N
S  T  E  C  K  D  O  S  E  T  I  M  S  G  F  U
T  E  L  E  F  O  N  G  N  U  R  E  G  A  L  T
L  A  S  E  R  O  Q  Q  E  B  E  I  B  V  B  S
E  T  K  E  J  B  O  G  G  I  T  O  S  S  E  Ü
B  C  C  U  A  S  I  K  A  J  T  I  H  C  A  R
A  F  N  R  L  G  B  Y  T  X  A  N  R  S  H  S
K  Q  Y  G  T  Q  I  U  I  J  B  L  M  J  I  U
L  W  K  B  F  K  V  J  V  M  F  Q  I  E  N  A
```

AUSRÜSTUNG	MAGNET
BATTERIE	NEGATIV
KABEL	OBJEKTE
LAGERUNG	POSITIV
ELEKTRIKER	STECKDOSE
ELEKTRISCH	MENGE
DRÄHTE	NETZWERK
GENERATOR	TELEFON
LAMPE	FERNSEHEN
LASER	

63 - Antiquariato

```
U E I R E L A G M I S T I L U Q
D N L Q E I A K U K U N S T Q U
E O G E A R T I K E L I R D H A
K I N E G U S Z L G Z H E N C L
O T U K W A V J R E L M M A S I
R I R I V Ö N Z U W A Y P T I T
A T E T D N H T T E I L J S T Ä
T S G S U O P N P R Y S T U N T
I E I I B W V E L T N V B Z E K
V V E K L H C Z U I L B X F H T
P N T R B K V N K W C Y F H T Q
H I S I E R P Ü S Q A H X M U Z
W L R H P Q O M Y Z N X D E A O
T R E D N U H R H A J W G X W O
C J V M Ö B E L I U Q A B N H C
I K A H Z B B M M L T B O Z D P
```

KUNST
ARTIKEL
VERSTEIGERUNG
AUTHENTISCH
SAMMLER
ZUSTAND
DEKORATIV
ELEGANT
GALERIE
UNGEWÖHNLICH

INVESTITION
MÖBEL
MÜNZEN
PREIS
QUALITÄT
SKULPTUR
JAHRHUNDERT
STIL
WERT
ALT

64 - Escursionismo

```
V O R B E R E I T U N G D O J S
B P U L P B T T O H L T M R H T
V N T R P E T R A K J D L I W I
V U A X I R E R H Ü F E N E O E
U V N H L G D D D J I T N N D F
Z L K B K G Y E Q L N T G T A E
K L I M A N E R H A F E G I L L
S A U R Q I Z I K Y G N V E I E
F T G G J P F E Q Y Q B W R E F
K C E D Ü M I X X A Z M I U I P
H I C I S A J D Q P M W A N M I
F S T K N C S D R H A G T G U G
M F K Y V E H Q V A G R X Y Q W
H C U A D Q D W C W R L K Z I T
M C L D F K L E E N N O S S P V
X O A W A S S E R R T I E R E K
```

WASSER	GEFAHREN
TIERE	SCHWER
CAMPING	STEINE
KLIMA	VORBEREITUNG
FÜHRER	KLIPPE
KARTE	WILD
BERG	SONNE
NATUR	MÜDE
ORIENTIERUNG	STIEFEL
PARKS	GIPFEL

65 - Professioni #1

```
E P S Y C H O L O G E B G A T S
T D S E E M A N N X N A E S I P
V Ä I K L E M P N E R N O T E A
M L N T P I A N I S T K L R R A
J U B Z O Q S V K A L I O O A A
M Y S J E R A Q U Z A E G N R P
Z G M I O R H D C V W R E O Z O
Q I B I K V P Y V H N I I M T T
F J D R Q E A A L E A W O N N H
J Ä G E R P R E L T S N Ü K R E
I F I N M R G Q A S T N G F F K
H C O I A I O F L B H D I I F E
E G B A R E T F A H C S T O B R
J B C R X J R E I L E W U J H S
H M A T Z R A D H D R I O L R F
I G G Y W Z K E B O B Q D P B I
```

TRAINER
BOTSCHAFTER
KÜNSTLER
ASTRONOM
RECHTSANWALT
TÄNZER
BANKIER
JÄGER
KARTOGRAPH
EDITOR

APOTHEKER
GEOLOGE
JUWELIER
KLEMPNER
SEEMANN
ARZT
MUSIKER
PIANIST
PSYCHOLOGE
TIERARZT

66 - Antartide

```
E  L  A  W  K  M  M  V  G  M  R  G  W  U  P  G
X  F  Q  P  D  I  K  I  Q  T  U  N  O  M  D  L
P  L  X  P  N  G  O  G  N  J  T  U  L  W  L  E
L  H  R  W  I  R  N  V  O  E  A  T  K  E  E  T
O  C  G  M  T  A  T  Z  I  A  R  L  E  L  H  S
R  R  K  B  S  T  I  Y  T  F  E  A  N  T  V  C
A  X  J  D  Q  I  N  S  I  E  P  H  L  R  H  H
T  H  C  U  B  O  E  C  D  L  M  R  Y  I  E  E
I  G  E  T  H  N  N  Q  E  S  E  E  R  P  E  R
O  S  N  K  C  B  T  K  P  I  T  R  W  V  N  N
N  Q  Z  C  O  I  S  G  X  G  I  N  S  E  L  N
C  X  W  Q  W  A  S  S  E  R  O  M  R  Y  O  W
A  B  Q  D  F  O  R  S  C  H  E  R  A  C  V  Z
G  E  O  G  R  A  P  H  I  E  R  U  W  G  F  G
H  A  L  B  I  N  S  E  L  Q  B  V  H  J  D  Y
T  O  P  O  G  R  A  P  H  I  E  M  B  D  R  T
```

WASSER	INSELN
UMWELT	MIGRATION
BUCHT	MINERALIEN
WALE	WOLKEN
ERHALTUNG	HALBINSEL
KONTINENT	FORSCHER
EXPLORATION	FELSIG
GEOGRAPHIE	EXPEDITION
GLETSCHER	TEMPERATUR
EIS	TOPOGRAPHIE

67 - Libri

```
K M N R T M T D U A L I T Ä T A
O L Z H F C X R V O R T I P Z B
L L S K J W E E A G N O B N M E
L A U T O R T L S G Z A M H X N
E P Z N U P N H E E I G H A T T
K R K A W H O Ä R T R S E D N E
T X K V T Q K Z I R I G C P N U
I S D E F A H R E B A E I H Z E
O A Y L Y B L E X P O E S I E R
N B D E Y N E B E I R H C S E G
W R I R Q K S H U M O R V O L L
T F F K Z V E E P I S C H P A V
L Q K Y U L R N Q N R Y G S O R
L I T E R A R I S C H X Q M Z K
H I S T O R I S C H D X I N U S
Q E R F I N D E R I S C H V S G
```

AUTOR
ABENTEUER
KOLLEKTION
KONTEXT
DUALITÄT
EPISCH
ERFINDERISCH
LITERARISCH
LESER
ERZÄHLER

SEITE
POESIE
RELEVANT
ROMAN
GESCHRIEBEN
SERIE
HISTORISCH
TRAGISCH
HUMORVOLL

68 - Geografia

```
H C I X N L Y L Q X A L S S M A
Ö X Z J R A I Ä Y T B V B J D A
H B H G O N N N P N O I G E R T
E E G V Z D Z G Z O S T A D T L
S W H V X E Q E W R O N C X L A
Ü T A B S R S N G D D K M G E S
D K U I E P G L E S N I E W O
E R M G C R X R F N R A A T E Z
N D F E B Ä G A V N C I A I N R
G U B L P H O D H B B D Q E R G
A N V L U P F G Y W Z I P R E G
K A R T E S Z T U Y K R F B C G
J G D S C I S O O M T E I B E G
Q L L E Z M Y G T Q T M O X X B
G E U W A E Y M G C X D W Y W T
O H S Y A H K O N T I N E N T N
```

HÖHE   MEER
ATLAS   MERIDIAN
STADT   WELT
KONTINENT   BERG
HEMISPHÄRE   NORDEN
FLUSS   WEST
INSEL   LAND
BREITE   REGION
LÄNGENGRAD   SÜDEN
KARTE   GEBIET

69 - Cibo #1

```
G L K B H Z S U R W Z O Z B A M
T E F U Z K I N K Q G J I I Q I
K Q R A C Q J M Q Y R H T R E N
A H E S B H A C T F A S R N N Z
N J E K T R E S A L A T O E B E
W B R T W E T N D A G U N I B G
R A D I U K A R O T T E E B D B
S L B M D C N F L E I S C H R K
A E E Z S U I K E I D S O C Ü W
V P E V X Z P C B I Y U F U B L
H S R V E S S E E Z S O S A E C
O L E M U K I L I S A B A L K W
T N P Z P R Z I W F D J L B J Z
F R H H Y Z V G Z G M Q Z O Q S
T H U N F I S C H C L I M N D T
I P M S M E J F J O P G I K L B
```

KNOBLAUCH
BASILIKUM
ZIMT
FLEISCH
KAROTTE
ZWIEBEL
ERDBEERE
SALAT
MILCH
ZITRONE

MINZE
GERSTE
BIRNE
RÜBE
SALZ
SPINAT
SAFT
THUNFISCH
KUCHEN
ZUCKER

70 - Aeroplani

```
A N T S G L A N D U N G E P S Q
B X A H W E R C P I L O T S Z S
S A R V F Q S M O T O R K A R O
T X B Q I B P C M P W Q D A W Q
I U X E Z G P W H E C L U F T P
E X J D N A I N J I H I M M E L
G Q L P O T U E J Y C J A U P A
G J G I O S E M R F X H H B A T
W T U M U B V U S E T M T W S M
H Ö H E Q E N V E H N V E E S O
T U R B U L E N Z R Y A B D A S
B R E N N S T O F F F B X E G P
X T T W M R I C H T U N G S I H
W A S S E R S T O F F L F I E Ä
K O N S T R U K T I O N I G R R
B A L L O N S A M R D P Q N A E
```

HÖHE	ABSTIEG
LUFT	CREW
ATMOSPHÄRE	WASSERSTOFF
LANDUNG	MOTOR
ABENTEUER	NAVIGIEREN
BRENNSTOFF	BALLON
HIMMEL	PASSAGIER
KONSTRUKTION	PILOT
DESIGN	GESCHICHTE
RICHTUNG	TURBULENZ

71 - Governo

```
G Q B K V V U Q W Q V I H N S Y
L H A N L L E I Z I T S U J Y R
S N O P F Y D R Z B A O E A M F
M B U A O N E G F Z A B D M B R
Q C B Y F F R Z F A T B K U O E
D E M O K R A T I E S G P A L I
D C J D Y Z I E W T D S B E N H
Q I Y N T I N S Z H E C U P S E
L W S G G V N E R C N Y T N L I
Y D G K E I F G O E K L B O G T
H U E B U L P A X R M J S I C F
U B O E R S U T H C A M B T Y J
L S F Z O C S Q A C L F W A Y L
K J O I L D S I N A T I O N A L
J R E R H Ü F G O P O L I T I K
O J L K D I S N N N A R I U R K
```

FÜHRER	FREIHEIT
ZIVIL	DENKMAL
VERFASSUNG	NATIONAL
DEMOKRATIE	NATION
RECHTE	POLITIK
REDE	MACHT
DISKUSSION	BEZIRK
JUSTIZIELL	SYMBOL
GESETZ	STAAT

72 - Colori

```
V F N N T W B K E B L E G N G J
U U M A G E N T A I E O Z Z Z E
Q C S Y M R U A L B S I U Z Y R
T H S Z B O A L I L R R G W B Z
Z S Q E S S R U P R U P N E P Q
K I B S P A B A X Q P R M J Q T
J E Q R W I I R C I N D I G O L
Y I P D M Y A G F S W K V W O B
K I R X F U D S T E E C P B Z S
T B P S M W T Z I D I N O D K G
O M P O P C A D O L S X O O X J
R R H K E R L M J W S L R B H H
Z R A W H C S Q W U N X H P F V
D Q L N Ü R G G X M W D W M V L
E S X K G A Z U R B L A U I J O
R W A O L E N D W Q U U J U Q O
```

ORANGE   INDIGO
AZURBLAU   MAGENTA
BEIGE   BRAUN
WEISS   SCHWARZ
BLAU   ROSA
ZYAN   ROT
PURPUR   SEPIA
FUCHSIE   GRÜN
GELB   LILA
GRAU

73 - Bellezza

```
F  P  C  H  A  R  M  E  S  P  J  X  V  T  D  D
D  A  T  Y  A  Q  Z  D  C  R  S  L  X  F  C  O
E  R  R  E  J  R  R  K  H  O  S  I  X  I  W  E
W  S  E  B  W  S  Z  V  E  D  L  J  Y  T  I  N
T  I  H  O  E  W  I  M  R  U  F  Z  T  S  X  R
I  E  M  O  A  L  I  E  E  K  N  N  Z  N  T  N
K  U  H  P  A  N  M  U  T  T  N  A  G  E  L  E
B  N  A  M  E  R  G  O  F  E  L  G  H  P  S  G
K  T  U  A  C  R  G  G  U  O  E  L  P  P  O
N  O  T  H  I  G  N  I  D  W  C  L  G  I  I  T
B  B  S  S  A  Q  P  T  P  V  K  E  Z  L  E  O
V  R  Y  M  F  V  D  X  U  L  E  O  W  V  G  F
Z  S  U  B  E  F  L  I  W  S  N  X  D  Z  E  Ö
B  P  U  K  N  T  M  L  B  K  C  C  V  T  L  L
G  L  A  T  T  R  I  U  P  O  C  H  S  H  B  E
S  T  Y  L  I  S  T  K  S  U  Q  G  E  W  C  Q
```

FARBE	WIMPERNTUSCHE
KOSMETIK	ÖLE
ELEGANT	HAUT
ELEGANZ	PRODUKTE
CHARME	LOCKEN
SCHERE	LIPPENSTIFT
FOTOGEN	SHAMPOO
DUFT	SPIEGEL
ANMUT	STYLIST
GLATT	

74 - Avventura

```
N E U W P S P E W G F C E Q A L
E T I E K G I R E I W H C S U Z
F R E U N D E C W U F M N K S Q
A S P F N M M R H W A T A Z F O
S C H Ö N H E I T E D Y H C L N
R E I S E N L D G J R Q C M U A
C Q N U N Y F G U Y M H O X G T
U X X W O B X Q K E C M E U F U
T U A D I R L A O E R K W I E R
J S Y M T T I E K R E F P A T Z
G F L R A A K T I V I T Ä T U O
V B S J G N U T I E R E B R O V
B E G E I S T E R U N G Z C R Z
H G W B V Q U I C Q Y I I X Z C
Q R O V A T I E H N E G E L E G
H C I L N H Ö W E G N U L T T F
```

FREUNDE	UNGEWÖHNLICH
AKTIVITÄT	ROUTE
SCHÖNHEIT	NATUR
CHANCE	NAVIGATION
TAPFERKEIT	NEU
ZIEL	GELEGENHEIT
SCHWIERIGKEIT	VORBEREITUNG
BEGEISTERUNG	SICHERHEIT
AUSFLUG	REISEN
FREUDE	

75 - Forme

```
P E P N N N P S P T A C R X J V
E O R Q H G R F V I I F T I C J
H A L E G E K G N H K H G Z W U
S M T Y M M H C S B H J N Q F V
L S M T G U T Y C V E C R T P N
E I J V C O W O P O K K C K W G
G R N S S X N V X E S P I L L E
U P E I I O T A E K R N X J E Z
K Q G B E V K L U C R B N L F Y
S U O V R E C H T E C K E M R L
E A B N K D R E I E C K T L Ü I
I D P Y R A M I D E Z I N A W N
T R K U R V E Y X G E L A Y P D
E A M Y S I R D Y C P H K N W E
I T V R L S T S M Q X J X S U R
G H Q L K O R K S X I K U F L G
```

ECKE
BOGEN
KANTEN
KREIS
ZYLINDER
KEGEL
WÜRFEL
KURVE
ELLIPSE
HYPERBEL

SEITE
LINIE
OVAL
PYRAMIDE
POLYGON
PRISMA
QUADRAT
RECHTECK
KUGEL
DREIECK

76 - Oceano

```
Y S H S T Q F N W J E R D I Q M
P G R E Y V U G I J G A I P R J
T H U N F I S C H Y A R R A W V
M V N Z P N D V E N O E I U S E
Q D R W K N O M U F C T A F R N
S A L Z U O D S Q B O S H T F I
N Q G A R N E L E O T U O X M S
K U Y Z A K R L S O K A J M O D
O A D N Q Z M R U T S W S Q L R
R L F E K A R K C M M A W H C S
A L I L L K R A B B E L B A T S
L E S L W F H O K O N H U Q F B
L H C E L F I L G H J P B P V Y
E A H W T R I N E T I E Z E G W
S C H I L D K R Ö T E S N I M O
N H Z Y R I D I H L F V W K I A
```

AAL	AUSTER
WAL	FISCH
BOOT	KRAKE
KORALLE	SALZ
DELFIN	RIFF
GARNELE	SCHWAMM
KRABBE	HAI
GEZEITEN	SCHILDKRÖTE
QUALLE	STURM
WELLEN	THUNFISCH

77 - Famiglia

```
B Z V O B E W U T A N T E D A A
S C H W E S T E R S X F M W H F
J E I U G U L J K L L X F E E Z
J U G E F W S F D N K F N Z R G
Y M K C Y V C K U Y Y Z V A J V
U V I O K L R E T A V S S O R G
V H N Z M N E F F E A T J P E M
M Ä D F A O T K V E T T E R D Ü
U O T D U O A S N T C Y S M N T
T N I E A R V C U E O W R X I T
T K E N R H A F R O V R J X K E
E E H V F L T O C H T E R R H R
R L D B E G I E H E M A N N B L
Y D N C H T I C F N K K C E B I
K J I F E O G D H B R U D E R C
P E K G R O S S M U T T E R I H
```

VORFAHR
KINDER
KIND
VETTER
TOCHTER
BRUDER
KINDHEIT
MUTTER
EHEMANN
MÜTTERLICH

EHEFRAU
NEFFE
ENKEL
GROSSMUTTER
GROSSVATER
VATER
VÄTERLICH
SCHWESTER
TANTE
ONKEL

78 - Creatività

```
I  F  C  G  F  I  J  X  K  G  U  L  E  G  L  T
N  L  N  O  I  T  I  U  T  N  I  K  K  E  T  Ä
S  Ü  M  Q  B  I  X  N  W  T  N  C  C  F  H  T
P  S  H  Z  C  E  T  O  T  I  A  U  U  Ü  O  I
I  S  C  B  J  H  C  I  M  E  T  R  R  H  W  Z
R  I  S  V  A  R  X  T  F  K  N  D  D  L  J  I
A  G  I  W  G  A  D  A  V  G  O  S  N  E  N  T
T  K  T  B  Y  L  F  S  G  I  P  U  I  Y  X  N
I  E  A  K  A  K  X  N  H  H  S  A  E  T  R  E
O  I  M  T  I  W  E  E  V  Ä  M  I  N  I  Ä  H
N  T  A  J  T  P  U  S  H  F  P  V  O  U  S  T
U  E  R  F  I  N  D  E  R  I  S  C  H  N  W  U
G  F  D  I  D  E  E  N  P  R  B  T  J  J  E  A
P  H  A  N  T  A  S  I  E  A  P  I  V  E  W  N
K  Ü  N  S  T  L  E  R  I  S  C  H  L  Y  O  B
V  I  T  A  L  I  T  Ä  T  S  K  M  E  D  D  L
```

FÄHIGKEIT

KÜNSTLERISCH

AUTHENTIZITÄT

KLARHEIT

DRAMATISCH

AUSDRUCK

FLÜSSIGKEIT

IDEEN

PHANTASIE

BILD

EINDRUCK

INTENSITÄT

INTUITION

ERFINDERISCH

INSPIRATION

SENSATION

GEFÜHLE

SPONTAN

VISIONEN

VITALITÄT

79 - Veicoli

```
F M M B V S H J F X Y O J F Q H
Z Z F Y Q R V E E L S D W O Q Q
Z K P X G H L C E K Z L Z O S Z
W O H N W A G E N U B O O T D N
I S T Q X F G K J N S Q Y K A N
U B A H N E G A W N E K N A R K
R Y Q I R W L K K P R D J H R R
A Y T U K E Y Y L M H Z S S H F
K F Q O C Y I X A T Ä F B S A L
E R O L L E R F G Y F M R O F Q
T T R A K T O R E A U T O L O K
E F L U G Z E U G N S Z Z F X T
H U B S C H R A U B E R O T O M
F M J Y P N Z X Z P E W Z H D B
L E E K Q U O S C D G F E Q Y U
A Q S L A Z I B Y U H I P S Z S
```

FLUGZEUG	MOTOR
KRANKENWAGEN	REIFEN
AUTO	RAKETE
BUS	ROLLER
BOOT	U-BOOT
FAHRRAD	TAXI
LKW	FÄHRE
WOHNWAGEN	TRAKTOR
HUBSCHRAUBER	ZUG
U-BAHN	FLOSS

80 - Emozioni

```
I  B  W  P  U  I  W  C  S  U  Y  A  J  R  A  B
Z  Ä  R  T  L  I  C  H  K  E  I  T  T  U  U  C
F  T  R  A  U  R  I  G  K  E  I  T  W  H  F  B
E  N  T  S  P  A  N  N  T  U  H  U  G  E  G  V
I  F  M  F  Ü  S  Y  M  P  A  T  H  I  E  E  L
L  Q  Ä  A  R  B  W  U  T  M  K  A  H  G  R  Z
E  O  H  Y  N  E  E  B  I  M  C  I  U  K  E  V
R  I  C  G  Z  G  U  R  Z  B  N  I  R  F  G  X
U  Y  S  X  T  E  S  D  R  C  E  Q  Q  X  T  C
E  B  E  I  L  P  G  T  E  A  K  D  J  C  T  F
A  C  B  D  A  N  K  B  A  R  S  D  O  F  K  R
D  U  R  P  H  V  W  K  M  F  G  C  V  Z  E  I
O  K  D  N  N  I  P  Y  W  J  K  H  H  U  E
Z  U  F  R  I  E  D  E  N  V  H  N  Y  E  V  D
L  A  N  G  E  W  E  I  L  E  G  W  F  V  N  E
F  W  I  J  C  J  Q  E  Q  X  N  Z  H  K  P  N
```

LIEBE	WUT
RUHIG	ENTSPANNT
INHALT	RELIEF
AUFGEREGT	SYMPATHIE
FREUDE	ZUFRIEDEN
DANKBAR	ÜBERRASCHEN
BESCHÄMT	ZÄRTLICHKEIT
LANGEWEILE	RUHE
FRIEDEN	TRAURIGKEIT
ANGST	

81 - Natura

```
X X A X M B E T S Ü W V T W Q E
W A L D L A U B R Z O P I M B G
M R G C J X R D M O I U E Y I S
A O X B O T Z S Y R P Q R Z E C
N R X M W T W X W X C I E H N H
R B K U V I O N I E W G S Z E Ö
C W Z T U H C S L R B W S C N N
H J H G I F V Y D O E N U I H H
H N X I M S T K N S R T L H J E
W B G L Y X R D D I G S F E Q I
B H M I O M M S S O E T K I C T
L Q N E K L O W L N K A V T N F
Y K R H G L E T S C H E R E E Q
D Y N A M I S C H H L S E R B Z
L E B E N S W I C H T I G B E B
G Q I O Y L E Z B H A E Z M L A
```

TIERE	GLETSCHER
BIENEN	BERGE
ARKTIS	NEBEL
SCHÖNHEIT	WOLKEN
WÜSTE	SCHUTZ
DYNAMISCH	HEILIGTUM
EROSION	WILD
FLUSS	HEITER
LAUB	TROPISCH
WALD	LEBENSWICHTIG

82 - Balletto

```
A Q K I S U M E P O O T B G R G
U F O K Z H X B U R E Ä F Z H D
S W M B B T H R B C P T R V Y A
D N P C J G W G L H N I I R T U
R A O P H A W N I E T S E G H M
U P N K R O T M K S P N Z U M U
C K I I Z O R P U T T E O Q U S
K W S N R X B E M E Z T A B S K
S R T H E E I E O R K N S G U E
V A K C Z D L H P G U I S Y A L
O M Z E N Q I L E R R D F G L T
L D E T Ä B T D A M N A G Q P R
L X I H T I S X H B D Y P T P V
K Ü N S T L E R I S C H L H A W
F Ä H I G K E I T P R W G F I T
P R A X I S A N M U T I G A N E
```

FÄHIGKEIT	INTENSITÄT
APPLAUS	MUSKEL
KÜNSTLERISCH	MUSIK
BALLERINA	ORCHESTER
TÄNZER	PRAXIS
KOMPONIST	PROBE
CHOREOGRAPHIE	PUBLIKUM
AUSDRUCKSVOLL	RHYTHMUS
GESTE	STIL
ANMUTIG	TECHNIK

83 - Paesi #1

```
S P A N I E N P M B S V B F Ä T
B O U D O K K O R A M E R I G D
B V O O E V V L K H A N A N Y V
G A K P Q U F E R D N E S N P E
L E A R S I T N J Z T Z I L T M
I K R S R R N S J Q E U L A E M
B M I M G C Q H C T I E I N N Z
Y S E N E G A L G H V L E D E Y
E T G G X Q K W I M L A N U G W
N E I N Ä M U R N P A A Z P E X
H Q T N S V H K D V A L N N W V
K A N A D A J Z I X A N I D R B
P N B K G O D K E X V S A Z O W
W T U Y N U G T N S A Y W M N P
W W C L R T A H C S D O B M A K
K Y P E U M L I M K E R O P N E
```

BRASILIEN	MALI
KAMBODSCHA	MAROKKO
KANADA	NORWEGEN
ÄGYPTEN	PANAMA
FINNLAND	POLEN
DEUTSCHLAND	RUMÄNIEN
INDIEN	SENEGAL
IRAK	SPANIEN
ISRAEL	VENEZUELA
LIBYEN	VIETNAM

84 - Geometria

```
D Z M D I L L A D G S M R R S
R Z B F N T G N U H C I E L G Y
E N U M M E R P R O H X J T E M
I O Q R H O X K C I R B S D N M
E I G E K B Y D H F K O F A U E
C S I S V E G S M N Z Y Q H T
K N R E C R N L E L L A R A P R
R E H G Z F U E S A I U I H U I
T M Ö M N L N K S T E E L D I E
Q I H E D Ä H N E N T K A H E R
L D E N O C C I R O N R M I I M
L O H T U H E W G Z A E Q T R J
J F G E O E R I V I B I P Z O C
L A K I T R E V Y R W S G N E S
O S Q D K A B X I O Y W X D H J
T J S T E O J B C H X X E Q T C
```

HÖHE
WINKEL
BERECHNUNG
KREIS
KURVE
DURCHMESSER
DIMENSION
GLEICHUNG
LOGIK
MEDIAN

NUMMER
HORIZONTAL
PARALLEL
ANTEIL
SEGMENT
SYMMETRIE
OBERFLÄCHE
THEORIE
DREIECK
VERTIKAL

85 - Edifici

```
Z  L  B  T  U  R  M  G  E  L  U  H  C  S  Q  S
E  M  H  O  Q  B  D  N  O  A  L  E  T  O  H  U
L  U  R  E  T  A  E  H  T  B  C  R  F  U  D  P
T  E  W  A  K  S  O  V  F  O  M  B  N  N  W  E
G  S  R  N  I  G  C  G  S  R  U  E  A  I  Y  R
X  U  C  A  N  E  I  H  U  Z  I  R  P  V  I  M
L  M  L  H  O  U  J  T  A  K  R  G  A  E  O  A
J  W  P  Y  L  V  R  A  H  F  O  E  R  R  N  R
P  Y  N  J  T  O  I  G  N  N  T  N  T  S  S  K
M  Q  U  D  K  W  S  P  E  V  A  I  M  I  T  T
S  T  A  D  I  O  N  S  K  T  V  B  E  T  N  V
I  C  E  I  N  R  Q  T  N  O  R  A  N  Ä  V  F
N  U  U  K  I  N  N  Q  A  V  E  K  T  T  M  Q
L  I  R  J  W  Q  A  B  R  K  S  Z  D  V  V  W
X  D  F  A  B  R  I  K  K  W  B  S  Z  C  T  K
S  C  H  E  U  N  E  T  P  I  O  R  D  I  J  B
```

BOTSCHAFT	KRANKENHAUS
APARTMENT	OBSERVATORIUM
KABINE	HERBERGE
SCHLOSS	SCHULE
KINO	STADION
FABRIK	SUPERMARKT
SCHEUNE	THEATER
HOTEL	ZELT
LABOR	TURM
MUSEUM	UNIVERSITÄT

86 - Malattia

```
E  B  G  J  C  B  B  G  A  X  Y  D  K  Y  P  A
J  N  J  N  N  H  C  A  W  H  C  S  Ö  G  U  L
C  L  T  U  K  A  R  C  K  V  Z  R  R  E  L  L
X  A  S  Z  A  H  P  N  A  T  Z  X  P  I  M  E
N  N  S  H  Ü  J  F  O  L  C  E  U  E  P  O  R
T  I  E  H  D  N  U  S  E  G  E  R  R  A  N  G
Q  M  N  E  C  H  D  C  T  F  D  V  I  R  A  I
E  O  L  R  F  S  Q  U  N  Z  B  R  J  E  L  E
O  D  L  Z  N  E  I  B  N  L  O  A  A  H  L  N
O  B  E  K  G  M  Q  T  Q  G  J  B  V  T  U  L
A  A  W  C  O  V  D  N  E  K  C  E  T  S  N  A
C  H  R  O  N  I  S  C  H  N  G  K  P  O  J  R
I  M  M  U  N  I  T  Ä  T  A  E  T  R  O  C  A
N  E  U  R  O  P  A  T  H  I  E  G  N  V  T  Z
S  Y  N  D  R  O  M  A  T  E  M  W  E  G  E  K
Y  Y  S  D  E  R  B  L  I  C  H  K  O  E  C  E
```

AKUT	ERBLICH
ABDOMINAL	GENETISCH
ALLERGIEN	IMMUNITÄT
BAKTERIELL	ENTZÜNDUNG
WELLNESS	NEUROPATHIE
ANSTECKEND	PULMONAL
KÖRPER	ATEMWEGE
CHRONISCH	GESUNDHEIT
HERZ	SYNDROM
SCHWACH	THERAPIE

87 - Paesi #2

```
G  G  I  G  D  I  T  I  A  H  L  X  J  R  C  O
R  K  O  E  J  N  P  R  D  Ä  N  E  M  A  R  K
I  L  W  H  Z  D  R  E  N  I  A  R  K  U  D  I
E  O  S  F  R  O  E  F  A  I  T  C  K  J  F  X
C  W  C  X  M  N  Q  C  L  H  S  V  Q  A  K  E
H  W  Z  E  B  E  A  T  S  Q  I  J  H  P  I  M
E  N  Q  R  J  S  I  D  S  Z  K  N  F  A  O  Ä
N  O  E  M  T  I  R  A  U  D  A  P  V  N  C  T
L  B  C  P  Y  E  E  A  R  S  P  R  N  T  O  H
A  E  E  Q  A  N  B  T  V  T  G  L  E  A  E  I
N  T  K  G  X  L  I  J  U  G  R  D  A  E  K  O
D  Y  G  R  M  M  L  I  R  L  A  N  D  O  A  P
F  K  A  L  B  A  N  I  E  N  J  C  B  X  S  I
J  A  M  A  I  K  A  S  Y  R  I  E  N  Y  G  E
Q  G  N  I  G  E  R  I  A  D  N  A  G  U  W  N
N  E  F  H  A  P  V  T  F  F  Z  N  H  Q  S  S
```

ALBANIEN	LIBERIA
DÄNEMARK	MEXIKO
ÄTHIOPIEN	NEPAL
JAMAIKA	NIGERIA
JAPAN	PAKISTAN
GRIECHENLAND	RUSSLAND
HAITI	SYRIEN
INDONESIEN	SUDAN
IRLAND	UKRAINE
LAOS	UGANDA

88 - Tipi di Capelli

```
W  P  C  K  K  E  F  O  O  D  O  S  F  Y  E  S
U  E  M  T  V  U  N  T  Z  I  L  Y  O  N  O  V
D  G  I  B  R  A  F  S  Q  C  V  F  L  S  Y  S
S  H  X  C  B  R  Y  R  X  K  Y  C  R  W  F  U
D  G  V  U  H  G  G  E  F  L  O  C  H  T  E  N
Ü  S  U  N  L  N  J  B  W  H  K  P  O  T  F  E
N  S  C  W  X  A  H  L  B  A  U  F  L  A  P  K
N  I  R  H  Q  L  Z  I  B  K  R  D  Q  L  Ö  C
S  E  Z  M  W  L  I  S  R  S  Z  D  A  G  Z  O
L  W  S  L  N  A  R  G  U  L  A  J  C  N  T  L
B  X  Q  T  V  A  R  T  R  O  C  K  E  N  L  G
W  L  O  N  K  X  Z  Z  L  V  N  W  Z  N  O  T
L  O  O  V  M  T  R  Z  C  F  E  Z  Q  R  C  H
L  R  M  N  U  A  R  B  R  Q  R  P  Q  O  K  C
U  H  Y  X  D  N  U  S  E  G  V  M  B  U  I  R
T  W  L  W  D  A  H  U  I  F  K  Y  K  Z  G  D
```

SILBER	LANG
TROCKEN	BRAUN
WEISS	WEICH
BLOND	SCHWARZ
KURZ	LOCKIG
KAHL	LOCKEN
FARBIG	GESUND
GRAU	DÜNN
GEFLOCHTEN	DICK
GLATT	ZÖPFE

89 - Vestiti

```
S  K  J  T  O  Q  R  W  Z  O  P  T  H  S  V  D
C  I  S  X  N  P  U  L  L  O  V  E  R  N  P  S
H  W  L  T  N  E  L  A  D  N  A  S  G  X  G  O
L  S  Y  D  O  T  J  A  C  K  E  S  U  L  B  F
A  O  A  Q  N  T  A  M  D  C  S  D  Q  N  M  F
F  B  W  M  V  E  A  W  Z  O  O  A  P  W  Z  T
A  O  Z  S  L  K  Z  R  X  R  H  X  G  G  E  I
N  W  S  H  V  S  D  P  M  F  T  U  U  H  H  Z
Z  N  M  L  V  L  S  I  T  B  N  X  L  D  U  C
U  S  I  T  M  A  N  T  E  L  A  H  Y  E  H  G
G  C  X  Z  D  H  A  U  Z  L  N  E  B  C  Ü
T  H  Q  F  W  K  E  H  R  T  K  L  D  M  S  R
A  A  E  L  Y  M  J  H  Ü  V  W  D  C  V  D  T
K  L  G  P  U  O  A  J  H  U  H  C  S  S  N  E
X  S  O  W  D  D  G  E  C  G  P  J  U  Z  A  L
E  O  O  T  O  E  N  E  S  Q  B  L  Q  G  H  C
```

KLEID	SCHÜRZE
ARMBAND	HANDSCHUHE
BLUSE	JEANS
HEMD	PULLOVER
HUT	MODE
MANTEL	HOSE
GÜRTEL	SCHLAFANZUG
HALSKETTE	SANDALEN
JACKE	SCHUH
ROCK	SCHAL

90 - Attività e Tempo Libero

```
S D Z J H R A W H B G B L C A H
B C P T H E N N E F U A K N I E
O R H F Q I G E D W X S N C K X
X M Q W G S E F L A C K M R N V
E V B A I E L R Ä N P E P T C I
N Z I W T M N U M D U T S N U K
T A J T F E M S E E D B K S T T
P E F S R L D E G R G A R O A F
H M N A J F P J N N F L O G U Z
G O H N C A M P I N G L J R C C
E Q B N I B A S E B A L L M H I
L L A B S S U F P G B W M L E K
R I S B I D N E N N A P S T N E
L L A B Y E L L O V O O B Y U X
J U V Q J A S K N Z B S T Z S V
G A R T E N A R B E I T N L T I
```

KUNST   TAUCHEN
BASEBALL   SCHWIMMEN
BASKETBALL   VOLLEYBALL
BOXEN   ANGELN
FUSSBALL   GEMÄLDE
CAMPING   ENTSPANNEND
WANDERN   EINKAUFEN
GARTENARBEIT   SURFEN
GOLF   TENNIS
HOBBIES   REISE

91 - Meteo

```
A T N S E Q E Q B L O R T S R I
W I N D T I U V L A Q E E W E Q
L E Q C J U S I I U T C M Z G Y
O B W U Y R R S T A M P P D E A
T R O C K E N M Z W W J E C N C
U A B Y Y N V G S O H J R T B L
L L J M V N Z G B L U M A V O U
O O L Y J O Z A C K R O T Z G Y
D P E V E D P O H E R N U V E Q
A T M O S P H Ä R E I S R S N L
N M M B I M M L X R K U Q S A Z
R J I B T X N M U R A N C P G V
O B H L D O M C V Ü N O U F G J
T S S U K C O X K D N E B E L A
J W T R O P I S C H Q B R I S E
J U V T L Y P T Q D P G A Z W Q
```

REGENBOGEN
TROCKEN
ATMOSPHÄRE
BRISE
HIMMEL
KLIMA
BLITZ
EIS
MONSUN
NEBEL

WOLKE
POLAR
DÜRRE
TEMPERATUR
STURM
TORNADO
TROPISCH
DONNER
HURRIKAN
WIND

92 - Corpo Umano

```
H F P O K J Q R M D O S C Q K C
R A T V S I I B A H A N D A N C
O N U J M Z N L G W L W N X I R
S Q A T N M I N E G U A U E E B
S C H U L T E R N K K E M L S C
L P T M O T B C G A E B L L F T
F I N G E R H O Z Z D V W B D W
G E S I C H T U L B N M N O E B
Y J K W U U P B O I I K A G K H
G E H I R N Z R E H N Z S E N X
A F E V C U M S S D A E E N Ö R
J O B Q K P P O Y D V L Y L C N
I Z P N K F G J W R J P S U H G
O L Z T F V J Y Q G I A Z A E F
H Y P H R S F E F G P H U T L A
R B N V B H Y Q O U P B D Z I K
```

MUND	HAND
KNÖCHEL	KINN
GEHIRN	NASE
HALS	AUGE
HERZ	OHR
FINGER	HAUT
GESICHT	BLUT
BEIN	SCHULTER
KNIE	MAGEN
ELLBOGEN	KOPF

93 - Mammiferi

```
P T K A J K X U Q E F F A O U D
T Q J O D Ä F F M R L J K I V L
Z X K E R N P H T Q D E N P Y E
M S M F E G U Q S F E S F L O W
B Ä R C F U F H T I L A W A C P
Z A X I P R E I T S F H W O N I
Y R S X F U T V H J I R D B D T
F T S C Q S O J E M N Q D P B J
I K F S C F J L B J O B A G A B
Y K A D I N O H I R S C H Z G C
B J X T O X K K F Z E B R A Y B
N I A K Z J V P F C Y K L F F C
S C H A F E G O R I L L A U S U
L Ö W E F F A R I G K R C C M L
Q G E X T J P N S D Y L Q H H C
Q W I F E P T R N S Y U P S X F
```

WAL	GIRAFFE
HUND	GORILLA
KÄNGURU	LÖWE
PFERD	WOLF
HIRSCH	BÄR
HASE	SCHAF
KOJOTE	AFFE
DELFIN	STIER
ELEFANT	FUCHS
KATZE	ZEBRA

94 - Giardinaggio

```
B U A L G B L Ü T E K A P B I Y
J L J L B N S Y S H N E D O B L
E M A H F N H L O N P Y E T R G
C S N T P M U H P I H G J A K T
O S S U T X S H M E S D H N Z W
E U A B A I H W O M K W T I F S
X L M I A A R T K S O P L S W Q
O B I A S R E N I A T N O C V Z
T U L B J O T H H S O B Z H W D
I R K B U H N E T R A G T S B O
S E T Y H C U A L H C S U Y X U
C S T R A U S S L U W C M E Y Q
H S Z G T D S X S C N Q H N F S
L A Z I L K F F J X U E C B A X
E W U H Z N F I P N L J S I J K
F E U C H T I G K E I T L P H B
```

WASSER
BOTANISCH
KLIMA
ESSBAR
KOMPOST
CONTAINER
EXOTISCH
BLÜTE
BLATT
LAUB

OBSTGARTEN
STRAUSS
SAAT
ART
SCHMUTZ
SAISONAL
BODEN
SCHLAUCH
FEUCHTIGKEIT

95 - Universo

```
T  T  I  E  R  K  R  E  I  S  A  R  K  D  C  H
A  E  D  B  S  O  N  N  E  N  W  E  N  D  E  E
T  I  L  S  H  T  X  W  T  V  G  Z  B  A  H  M
M  X  D  E  C  B  Z  Y  P  S  G  Y  A  R  I  I
O  A  H  E  S  H  O  R  I  Z  O  N  T  G  M  S
S  L  E  X  I  K  S  Z  T  P  I  K  B  N  M  P
P  A  P  D  M  I  O  I  Q  O  Q  D  T  E  E  H
H  G  G  W  S  F  I  P  C  M  I  Y  Y  G  L  Ä
Ä  H  P  Q  O  T  Z  T  I  H  H  L  M  N  A  R
R  N  O  W  K  D  I  O  R  E  T  S  A  Ä  S  E
E  H  R  A  L  O  S  B  R  Y  T  B  U  L  T  I
K  L  B  B  R  E  I  T  E  B  F  Q  A  U  R  O
A  V  I  H  I  M  M  L  I  S  C  H  I  R  O  L
V  N  T  A  S  T  R  O  N  O  M  I  E  Q  N  R
E  A  V  Q  Z  V  U  R  M  O  N  D  Z  M  O  H
D  U  N  K  E  L  H  E  I  T  Q  E  L  P  M  Y
```

ASTEROID	BREITE
ASTRONOMIE	LÄNGENGRAD
ASTRONOM	MOND
ATMOSPHÄRE	ORBIT
DUNKELHEIT	HORIZONT
HIMMLISCH	SOLAR
HIMMEL	SONNENWENDE
KOSMISCH	TELESKOP
HEMISPHÄRE	SICHTBAR
GALAXIE	TIERKREIS

96 - Jazz

```
I M P R O V I S A T I O N B S A
C R A Y H Z X H S R I C K A C B
K I S U M J D L W Z G J S T H Q
L O G G P I S Z W T Z P U E L R
K V N Q C Y S N X L U S K C A K
M N U Z L U U E N A I J O H G T
I C N G E S M T G K P E J N Z A
K G O P K R H I T O B P D I E L
L I T S Ü K T R M M D D L K U E
A Y E G N R Y O L P W B S A G N
L W B E S G H V B O O E B V U T
B U Y N T P R A K N D R O J F S
U S C R L X Y F I I C Ü I U Y F
M T O E E Z R E T S E H C R O G
N N F A R F V W B T E M F F C M
T K M Z M C G K O A O T Z O O V
```

ALBUM	IMPROVISATION
APPLAUS	MUSIK
KÜNSTLER	NEU
SCHLAGZEUG	ORCHESTER
LIED	FAVORITEN
KOMPONIST	RHYTHMUS
KONZERT	STIL
BETONUNG	TALENT
BERÜHMT	TECHNIK
GENRE	ALT

97 - Vacanze #2

```
F L U G H A F E N J S N B M V A
P E E T F N M T V M H T X G L W
A I S S Z R M R I U O C U Z J L
S Z W B N O J A S C T M S U W L
S R A G Z I V K U H E C R G H D
D H E R Z I X B M Z L B E U F C
F O T O S Z S A D Y H E I C L K
I Q U G G F T O T Z M M S J A Y
O F V I M Z R Z A B R K E F N K
T R O P S N A R T N B Z D D E S
U L E R E D N Ä L S U A W K K I
O U Z E L T D Z V L A B F P X F
W L C A M P I N G V L J V K N O
F R E I Z E I T L O R K J C Q O
O G G N Y I T N A R U A T S E R
I K I X B S U X M A K I E S V O
```

FLUGHAFEN   STRAND
CAMPING   AUSLÄNDER
ZIEL   TAXI
FOTOS   FREIZEIT
HOTEL   ZELT
INSEL   TRANSPORT
KARTE   ZUG
MEER   URLAUB
PASS   REISE
RESTAURANT   VISUM

98 - Attività

```
A B A P H L L E P Q I H B C J K
I N D N X I S M G L D E Z I M U
N R G M A X P K J K G N A O L N
T E A E G N I P M A C T K P E S
E D J I L G E O N F W S T V S T
R N J F F N L P E R N P I T E H
E A N A S Ä E C G Q E A V Z N A
S W Ä R F K H Z Ü P W N I J B N
S F H G K G F I N K E N T L S D
E R E O Z E X B G A V U Ä K O W
N E N T S N U K R K T N T I F E
M I P O R I Y E E K E G T M G R
A Z P F O K M L V R V I B A W K
G E S H T I E B R A N E T R A G
I I R N V Q D W P H K F V E F A
E T R U I Z X G P B D H K K G Q
```

FÄHIGKEIT	FOTOGRAFIE
KUNST	GARTENARBEIT
KUNSTHANDWERK	SPIELE
AKTIVITÄT	INTERESSEN
JAGD	LESEN
CAMPING	MAGIE
KERAMIK	ANGELN
NÄHEN	VERGNÜGEN
TANZEN	ENTSPANNUNG
WANDERN	FREIZEIT

99 - Diplomazia

```
S  I  C  H  E  R  H  E  I  T  M  C  B  M  G  I
G  E  M  E  I  N  S  C  H  A  F  T  O  Z  E  N
R  E  G  I  E  R  U  N  G  P  N  C  T  A  R  T
E  Y  G  C  G  O  V  D  X  U  E  B  S  U  E  E
T  Z  C  B  W  Y  Q  E  I  Y  H  W  C  S  C  G
A  U  H  P  M  P  H  U  R  X  C  D  H  L  H  R
R  E  G  R  Ü  B  O  T  T  T  A  Z  A  Ä  T  I
E  A  N  E  X  V  J  L  K  F  R  A  F  N  I  T
B  O  U  X  T  D  Z  F  I  H  P  A  T  D  G  Ä
Y  N  S  E  N  H  V  G  L  T  S  N  G  I  K  T
Z  K  Ö  I  M  R  I  J  F  S  I  Y  D  S  E  H
S  E  L  B  S  R  L  K  N  F  M  K  Z  C  I  Y
D  H  C  S  I  T  A  M  O  L  P  I  D  H  T  Z
T  E  L  F  Y  D  Y  B  K  G  E  L  Z  H  G  F
H  D  Q  C  T  J  D  I  S  K  U  S  S  I  O  N
C  K  Y  B  O  T  S  C  H  A  F  T  E  R  T  A
```

BOTSCHAFT	GERECHTIGKEIT
BOTSCHAFTER	REGIERUNG
BÜRGER	INTEGRITÄT
GEMEINSCHAFT	SPRACHEN
KONFLIKT	POLITIK
BERATER	SICHERHEIT
DIPLOMATISCH	LÖSUNG
DISKUSSION	AUSLÄNDISCH
ETHIK	VERTRAG

100 - Misurazioni

```
L  Z  Z  O  L  L  H  K  L  W  X  O  M  T  X  W
B  E  H  Ö  H  P  F  I  N  E  M  U  L  O  V  Z
A  N  T  S  M  M  S  L  V  Z  J  A  F  Q  R  C
D  T  C  I  O  X  F  O  G  P  L  O  S  J  B  X
L  I  G  L  E  K  H  M  M  A  R  G  M  S  Q  T
I  M  P  Q  Z  R  B  E  M  L  K  Y  E  K  E  O
T  E  T  G  N  G  B  T  K  A  D  J  T  L  N  M
E  T  Y  B  U  M  D  E  B  M  R  K  E  U  N  I
R  E  G  N  Ä  L  A  R  F  I  E  G  R  Q  O  N
N  R  X  V  J  G  F  T  T  Z  D  J  O  W  T  U
D  O  Z  H  M  E  G  W  Q  E  X  R  B  L  A  T
M  S  H  W  A  T  Q  M  F  D  Q  R  I  B  I  E
C  V  M  M  M  N  F  T  F  W  P  T  G  J  I  K
G  E  W  I  C  H  T  T  I  E  F  E  R  S  T  E
K  J  T  V  U  D  V  N  T  U  F  R  A  J  L  Y
O  R  C  V  O  W  H  I  X  Y  Z  F  D  Z  H  C
```

HÖHE	LÄNGE
BYTE	MASSE
ZENTIMETER	METER
KILOGRAMM	MINUTE
KILOMETER	UNZE
DEZIMAL	GEWICHT
GRAD	ZOLL
GRAMM	TIEFE
BREITE	TONNE
LITER	VOLUMEN

1 - Scacchi

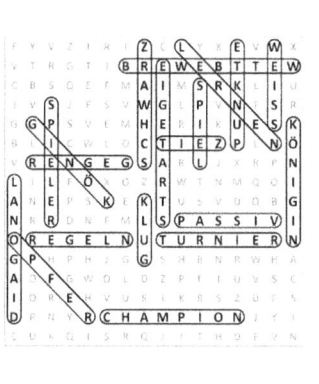

2 - Salute e Benessere #2

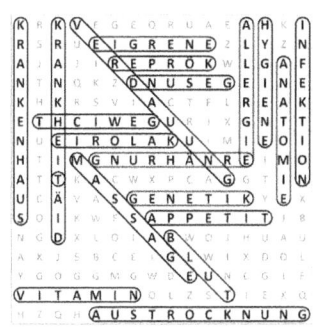

3 - Aggettivi #2

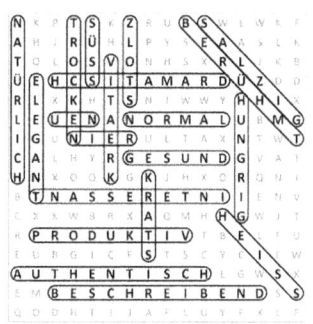

4 - Pesca

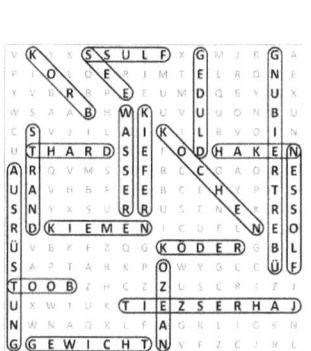

5 - Ingegneria

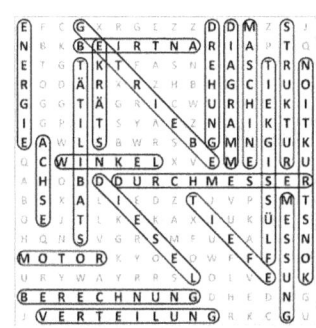

6 - Archeologia

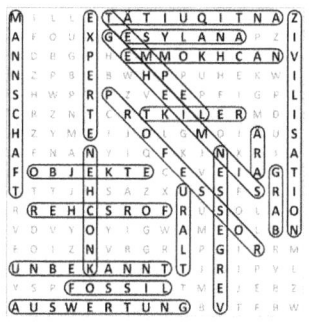

7 - Salute e Benessere #1

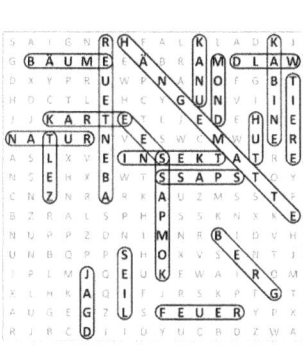

8 - Aggettivi #1

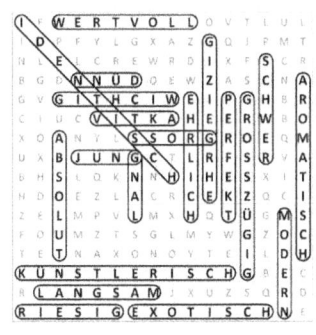

9 - Geologia

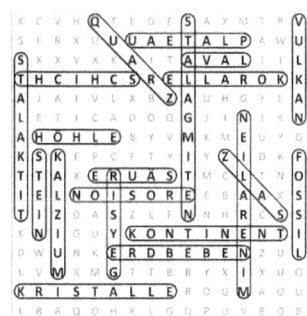

10 - Campeggio

11 - Arti Visive

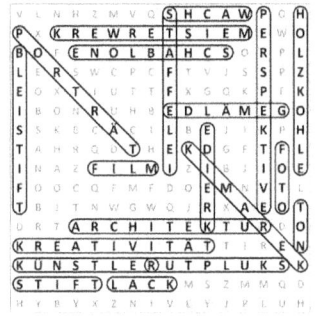

12 - Tempo

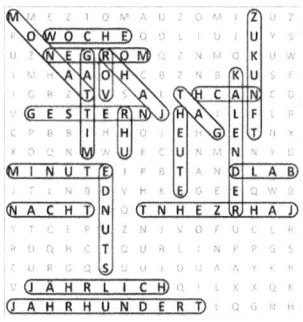

13 - Astronomia

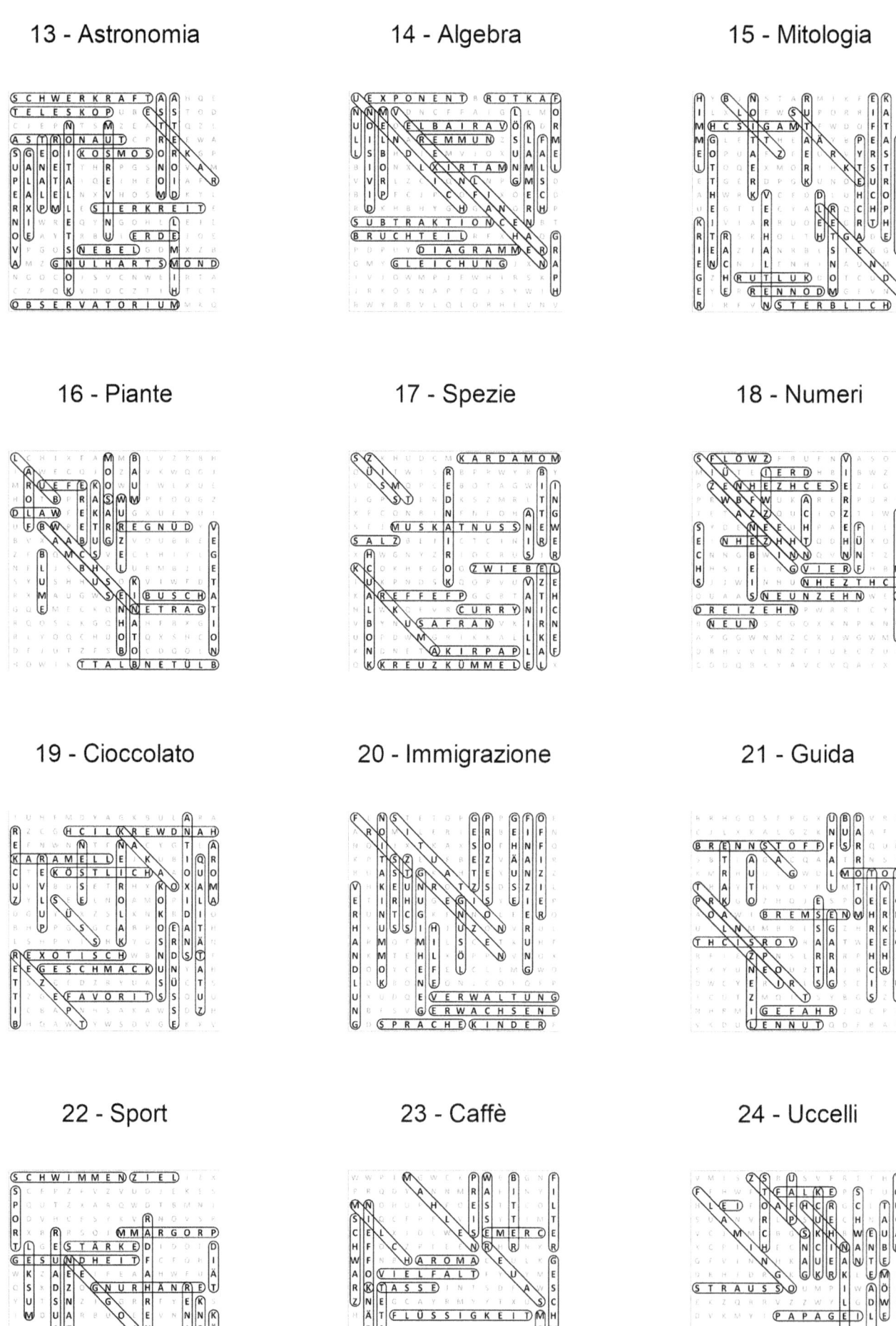

14 - Algebra

15 - Mitologia

16 - Piante

17 - Spezie

18 - Numeri

19 - Cioccolato

20 - Immigrazione

21 - Guida

22 - Sport

23 - Caffè

24 - Uccelli

25 - Giorni e Mesi

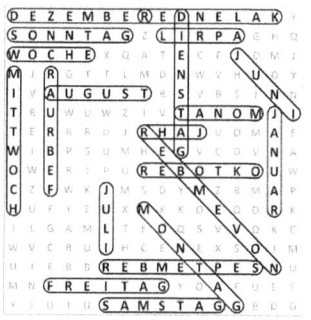

26 - Casa

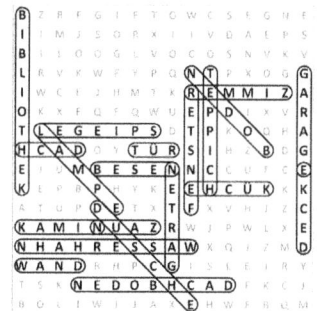

27 - Fantascienza

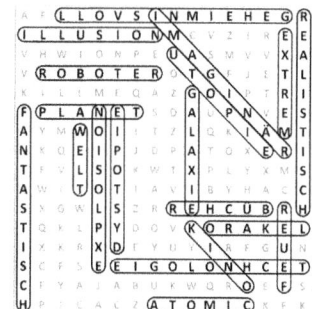

28 - Città

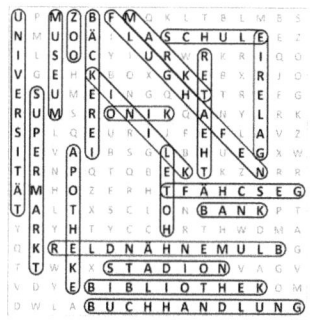

29 - Fattoria #1

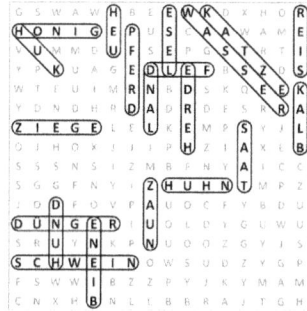

30 - Paesaggi

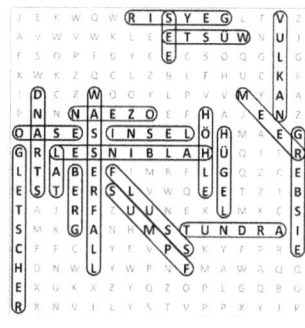

31 - Energia

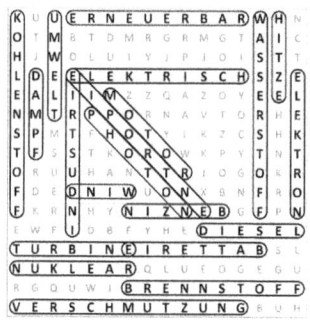

32 - Ristorante #2

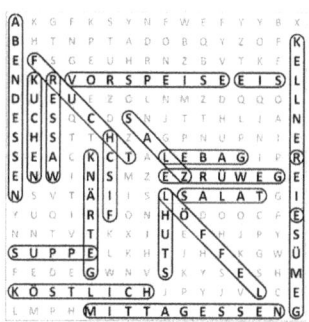

33 - Moda

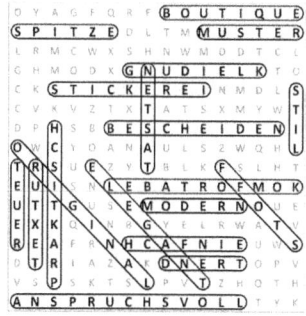

34 - Giardino

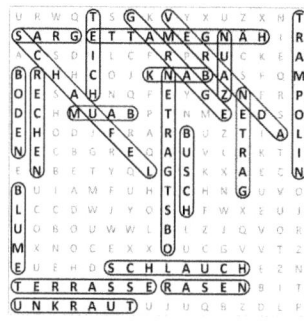

35 - Riscaldamento GI

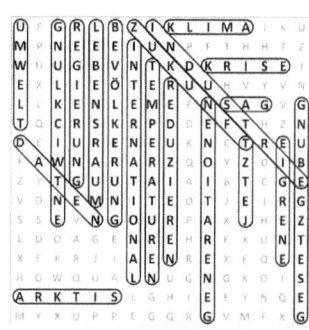

36 - Frutta

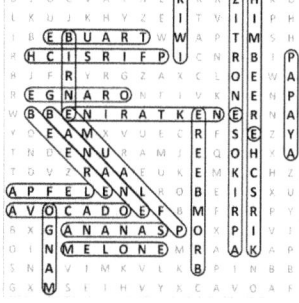

37 - Fattoria #2

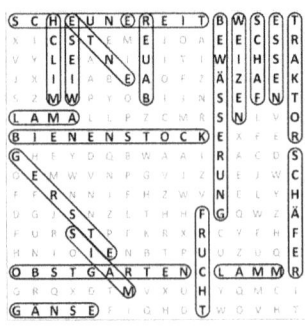

38 - Verdure

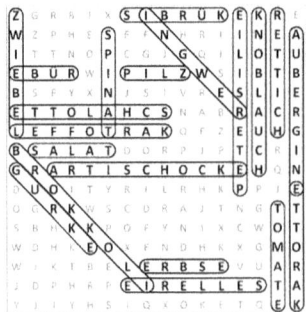

39 - Musica

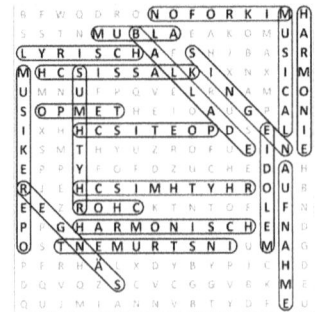

40 - Barbecue

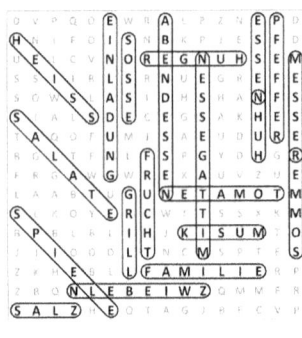

41 - Fisica

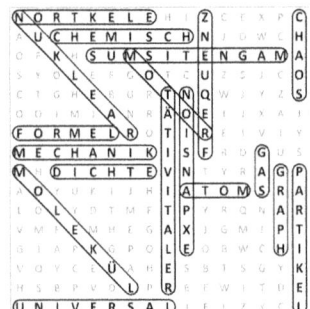

42 - Agronomia

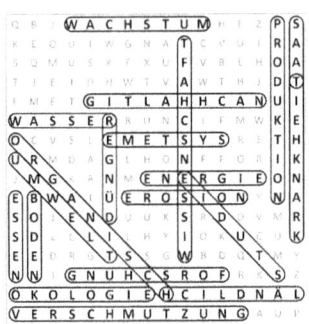

43 - Erboristeria

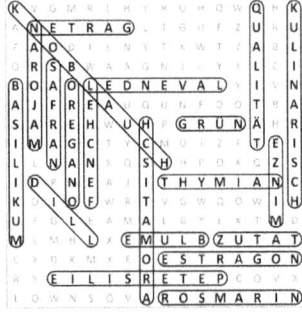

44 - Danza

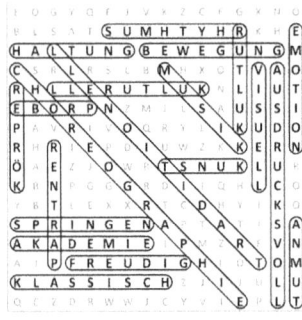

45 - Biologia

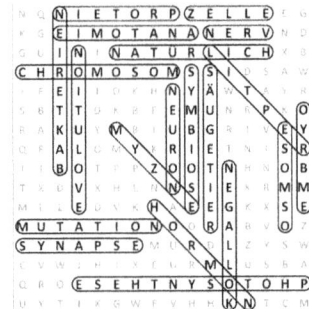

46 - Attività Commerciale

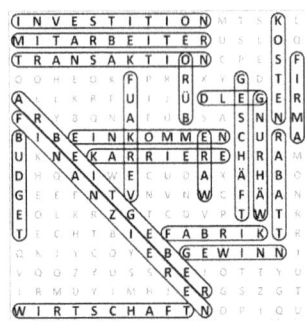

47 - Fiori

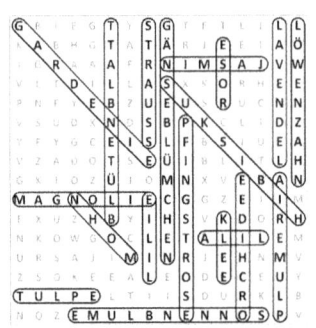

48 - Filantropia

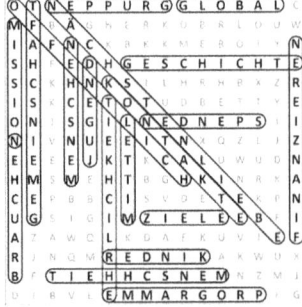

49 - Ecologia

50 - Discipline Scientifiche

51 - Acqua

52 - Imbarcazioni

53 - Chimica

54 - Api

55 - Strumenti Musicali

56 - Professioni #2

57 - Letteratura

58 - Cibo #2

59 - Nutrizione

60 - Matematica

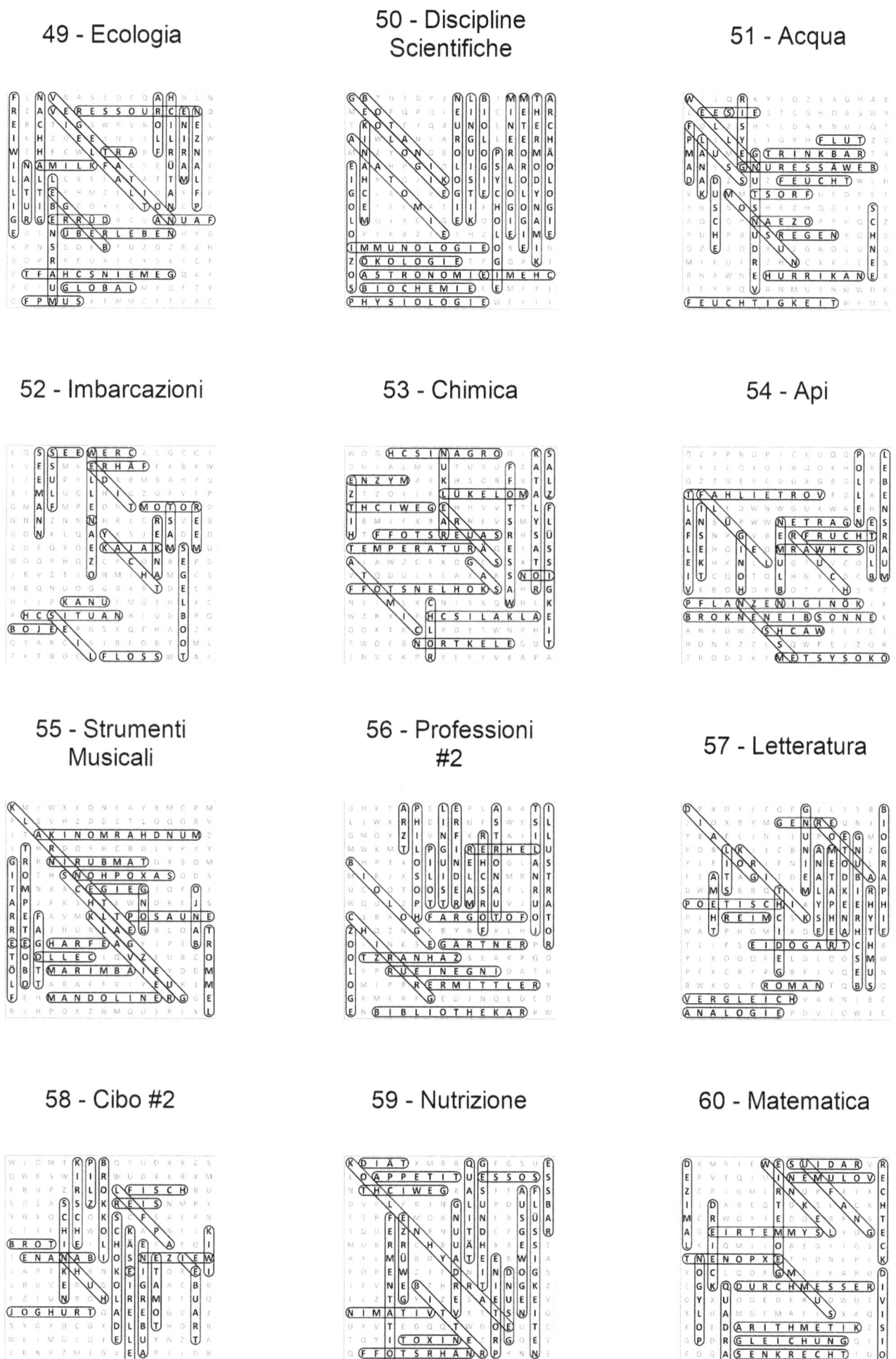

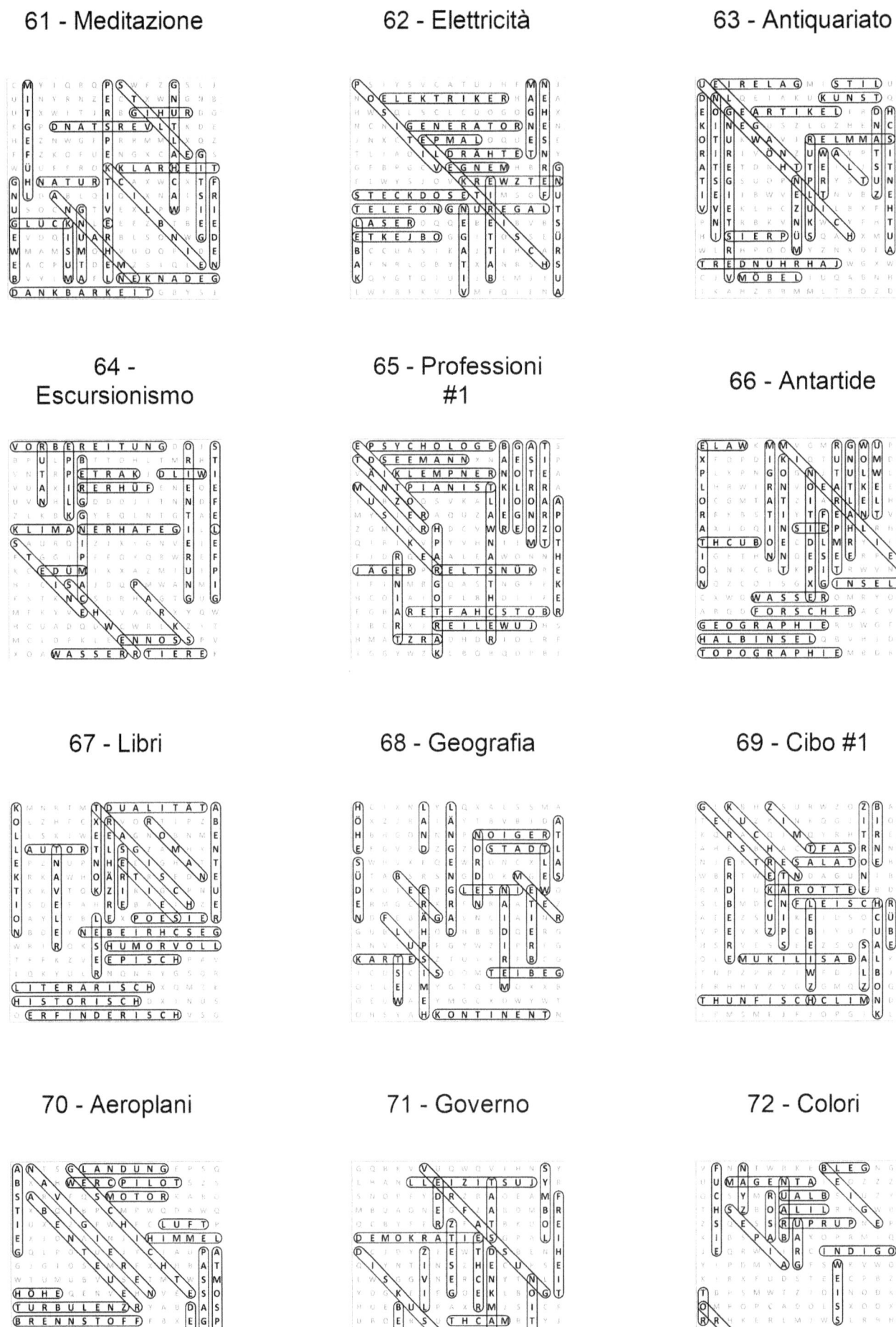

61 - Meditazione

62 - Elettricità

63 - Antiquariato

64 - Escursionismo

65 - Professioni #1

66 - Antartide

67 - Libri

68 - Geografia

69 - Cibo #1

70 - Aeroplani

71 - Governo

72 - Colori

73 - Bellezza

74 - Avventura

75 - Forme

76 - Oceano

77 - Famiglia

78 - Creatività

79 - Veicoli

80 - Emozioni

81 - Natura

82 - Balletto

83 - Paesi #1

84 - Geometria

85 - Edifici

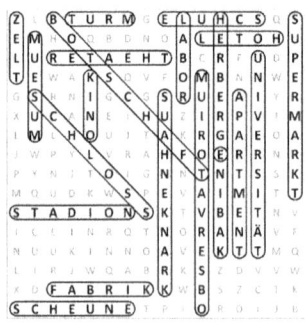

86 - Malattia

87 - Paesi #2

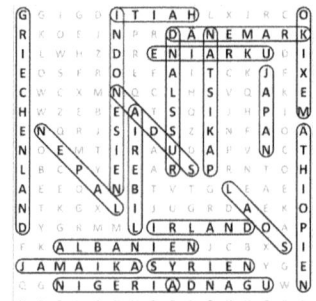

88 - Tipi di Capelli

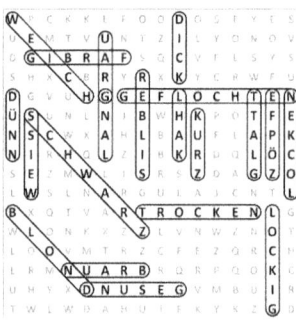

89 - Vestiti

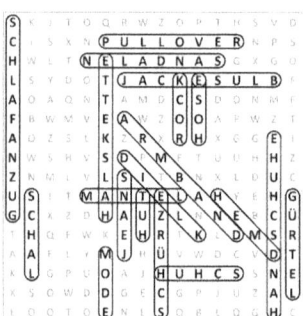

90 - Attività e Tempo Libero

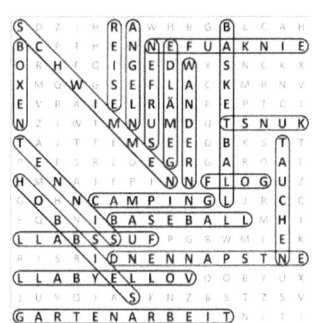

91 - Meteo

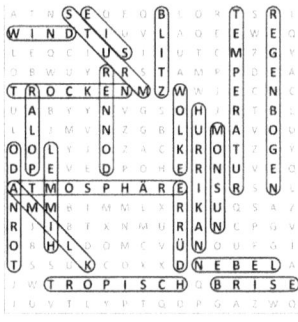

92 - Corpo Umano

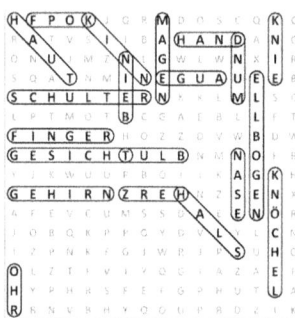

93 - Mammiferi

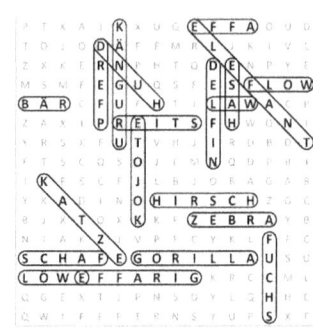

94 - Giardinaggio

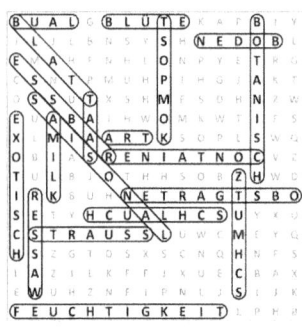

95 - Universo

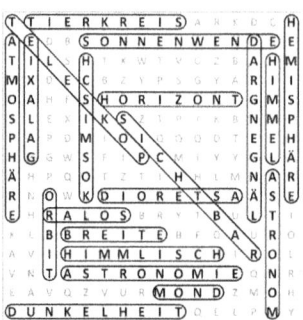

96 - Jazz

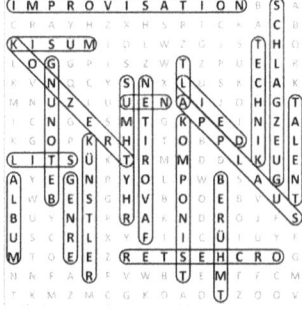

97 - Vacanze #2

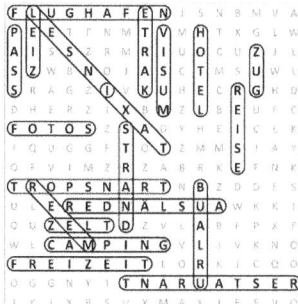

98 - Attività

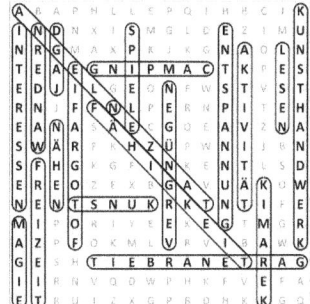

99 - Diplomazia

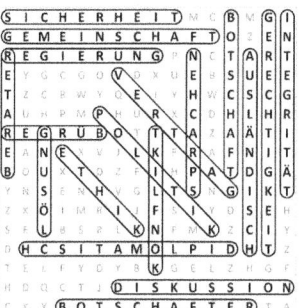

100 - Misurazioni

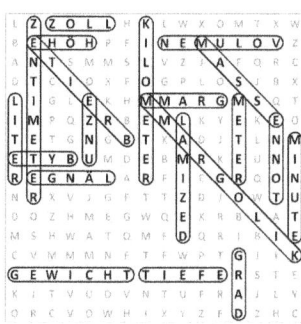

Dizionario

Acqua
Wasser

Alluvione	Flut
Canale	Kanal
Doccia	Dusche
Evaporazione	Verdunstung
Fiume	Fluss
Gelo	Frost
Geyser	Geysir
Ghiaccio	Eis
Irrigazione	Bewässerung
Lago	See
Monsone	Monsun
Neve	Schnee
Oceano	Ozean
Onde	Wellen
Pioggia	Regen
Potabile	Trinkbar
Umidità	Feuchtigkeit
Umido	Feucht
Uragano	Hurrikan
Vapore	Dampf

Aeroplani
Flugzeuge

Altezza	Höhe
Aria	Luft
Atmosfera	Atmosphäre
Atterraggio	Landung
Avventura	Abenteuer
Carburante	Brennstoff
Cielo	Himmel
Costruzione	Konstruktion
Design	Design
Direzione	Richtung
Discesa	Abstieg
Equipaggio	Crew
Idrogeno	Wasserstoff
Motore	Motor
Navigare	Navigieren
Palloncino	Ballon
Passeggero	Passagier
Pilota	Pilot
Storia	Geschichte
Turbolenza	Turbulenz

Aggettivi #1
Adjektive #1

Ambizioso	Ehrgeizig
Aromatico	Aromatisch
Artistico	Künstlerisch
Assoluto	Absolut
Attivo	Aktiv
Enorme	Riesig
Esotico	Exotisch
Generoso	Grosszügig
Giovane	Jung
Grande	Gross
Identico	Identisch
Importante	Wichtig
Lento	Langsam
Lungo	Lang
Moderno	Modern
Onesto	Ehrlich
Perfetto	Perfekt
Pesante	Schwer
Prezioso	Wertvoll
Sottile	Dünn

Aggettivi #2
Adjektive #2

Affamato	Hungrig
Asciutto	Trocken
Autentico	Authentisch
Caldo	Heiss
Creativo	Kreativ
Descrittivo	Beschreibend
Dolce	Süss
Drammatico	Dramatisch
Elegante	Elegant
Famoso	Berühmt
Forte	Stark
Interessante	Interessant
Naturale	Natürlich
Normale	Normal
Nuovo	Neu
Orgoglioso	Stolz
Produttivo	Produktiv
Puro	Rein
Salato	Salzig
Sano	Gesund

Agronomia
Agronomie

Acqua	Wasser
Ambiente	Umwelt
Cibo	Essen
Crescita	Wachstum
Ecologia	Ökologie
Energia	Energie
Erosione	Erosion
Fertilizzante	Dünger
Inquinamento	Verschmutzung
Malattie	Krankheit
Organico	Organisch
Produzione	Produktion
Ricerca	Forschung
Rurale	Ländlich
Scienza	Wissenschaft
Semi	Saat
Sistemi	Systeme
Sostenibile	Nachhaltig
Studio	Studie
Suolo	Boden

Algebra
Algebra

Diagramma	Diagramm
Divisione	Division
Equazione	Gleichung
Esponente	Exponent
Falso	Falsch
Fattore	Faktor
Formula	Formel
Frazione	Bruchteil
Grafico	Graph
Infinito	Unendlich
Lineare	Linear
Matrice	Matrix
Numero	Nummer
Parentesi	Klammern
Problema	Problem
Semplificare	Vereinfachen
Soluzione	Lösung
Sottrazione	Subtraktion
Variabile	Variable
Zero	Null

Antartide
Antarktis

Acqua	Wasser
Ambiente	Umwelt
Baia	Bucht
Balene	Wale
Conservazione	Erhaltung
Continente	Kontinent
Esplorazione	Exploration
Geografia	Geographie
Ghiacciai	Gletscher
Ghiaccio	Eis
Isole	Inseln
Migrazione	Migration
Minerali	Mineralien
Nuvole	Wolken
Penisola	Halbinsel
Ricercatore	Forscher
Roccioso	Felsig
Spedizione	Expedition
Temperatura	Temperatur
Topografia	Topographie

Antiquariato
Antiquitäten

Arte	Kunst
Articolo	Artikel
Asta	Versteigerung
Autentico	Authentisch
Collezionista	Sammler
Condizione	Zustand
Decorativo	Dekorativ
Elegante	Elegant
Galleria	Galerie
Insolito	Ungewöhnlich
Investimento	Investition
Mobilio	Möbel
Monete	Münzen
Prezzo	Preis
Qualità	Qualität
Scultura	Skulptur
Secolo	Jahrhundert
Stile	Stil
Valore	Wert
Vecchio	Alt

Api
Bienen

Ali	Flügel
Alveare	Bienenkorb
Benefico	Vorteilhaft
Cera	Wachs
Cibo	Essen
Diversità	Vielfalt
Ecosistema	Ökosystem
Fiori	Blumen
Fiorire	Blüte
Frutta	Frucht
Fumo	Rauch
Giardino	Garten
Habitat	Lebensraum
Insetto	Insekt
Miele	Honig
Piante	Pflanzen
Polline	Pollen
Regina	Königin
Sciame	Schwarm
Sole	Sonne

Archeologia
Archäologie

Analisi	Analyse
Antichità	Antiquität
Antico	Uralt
Civiltà	Zivilisation
Dimenticato	Vergessen
Discendente	Nachkomme
Era	Ära
Esperto	Experte
Fossile	Fossil
Mistero	Geheimnis
Oggetti	Objekte
Ossa	Knochen
Professore	Professor
Reliquia	Relikt
Ricercatore	Forscher
Sconosciuto	Unbekannt
Squadra	Mannschaft
Tempio	Tempel
Tomba	Grab
Valutazione	Auswertung

Arti Visive
Bildende Kunst

Architettura	Architektur
Argilla	Ton
Artista	Künstler
Capolavoro	Meisterwerk
Carbone	Holzkohle
Cavalletto	Staffelei
Cera	Wachs
Ceramica	Keramik
Creatività	Kreativität
Film	Film
Fotografia	Foto
Gesso	Kreide
Matita	Bleistift
Penna	Stift
Pittura	Gemälde
Prospettiva	Perspektive
Ritratto	Porträt
Scultura	Skulptur
Stampino	Schablone
Vernice	Lack

Astronomia
Astronomie

Asteroide	Asteroid
Astronauta	Astronaut
Astronomo	Astronom
Cielo	Himmel
Cosmo	Kosmos
Costellazione	Konstellation
Galassia	Galaxie
Gravità	Schwerkraft
Luna	Mond
Meteora	Meteor
Nebulosa	Nebel
Osservatorio	Observatorium
Pianeta	Planet
Radiazione	Strahlung
Razzo	Rakete
Supernova	Supernova
Telescopio	Teleskop
Terra	Erde
Universo	Universum
Zodiaco	Tierkreis

Attività
Aktivitäten
Abilità	Fähigkeit
Arte	Kunst
Artigianato	Kunsthandwerk
Attività	Aktivität
Caccia	Jagd
Campeggio	Camping
Ceramica	Keramik
Cucire	Nähen
Danza	Tanzen
Escursioni	Wandern
Fotografia	Fotografie
Giardinaggio	Gartenarbeit
Giochi	Spiele
Interessi	Interessen
Lettura	Lesen
Magia	Magie
Pesca	Angeln
Piacere	Vergnügen
Rilassamento	Entspannung
Tempo Libero	Freizeit

Attività Commerciale
Geschäft
Bilancio	Budget
Carriera	Karriere
Costo	Kosten
Datore di Lavoro	Arbeitgeber
Dipendente	Mitarbeiter
Economia	Wirtschaft
Fabbrica	Fabrik
Finanza	Finanzieren
Investimento	Investition
Merce	Ware
Negozio	Geschäft
Profitto	Gewinn
Reddito	Einkommen
Sconto	Rabatt
Società	Firma
Soldi	Geld
Transazione	Transaktion
Ufficio	Büro
Valuta	Währung
Vendita	Verkauf

Attività e Tempo Libero
Aktivitäten und Freizeit
Arte	Kunst
Baseball	Baseball
Basket	Basketball
Boxe	Boxen
Calcio	Fussball
Campeggio	Camping
Escursioni	Wandern
Giardinaggio	Gartenarbeit
Golf	Golf
Hobby	Hobbies
Immersione	Tauchen
Nuoto	Schwimmen
Pallavolo	Volleyball
Pesca	Angeln
Pittura	Gemälde
Rilassante	Entspannend
Shopping	Einkaufen
Surf	Surfen
Tennis	Tennis
Viaggio	Reise

Avventura
Abenteuer
Amici	Freunde
Attività	Aktivität
Bellezza	Schönheit
Caso	Chance
Coraggio	Tapferkeit
Destinazione	Ziel
Difficoltà	Schwierigkeit
Entusiasmo	Begeisterung
Escursione	Ausflug
Gioia	Freude
Insolito	Ungewöhnlich
Itinerario	Route
Natura	Natur
Navigazione	Navigation
Nuovo	Neu
Opportunità	Gelegenheit
Pericoloso	Gefährlich
Preparazione	Vorbereitung
Sicurezza	Sicherheit
Viaggi	Reisen

Balletto
Ballett
Abilità	Fähigkeit
Applauso	Applaus
Artistico	Künstlerisch
Ballerina	Ballerina
Ballerini	Tänzer
Compositore	Komponist
Coreografia	Choreographie
Espressivo	Ausdrucksvoll
Gesto	Geste
Grazioso	Anmutig
Intensità	Intensität
Muscoli	Muskel
Musica	Musik
Orchestra	Orchester
Pratica	Praxis
Prova	Probe
Pubblico	Publikum
Ritmo	Rhythmus
Stile	Stil
Tecnica	Technik

Barbecue
Barbecues
Caldo	Heiss
Cena	Abendessen
Cibo	Essen
Cipolle	Zwiebeln
Coltelli	Messer
Estate	Sommer
Fame	Hunger
Famiglia	Familie
Frutta	Frucht
Giochi	Spiele
Griglia	Grill
Insalate	Salate
Invito	Einladung
Musica	Musik
Pepe	Pfeffer
Pollo	Huhn
Pomodori	Tomaten
Pranzo	Mittagessen
Sale	Salz
Salsa	Sosse

Bellezza
Schönheit

Colore	Farbe
Cosmetici	Kosmetik
Elegante	Elegant
Eleganza	Eleganz
Fascino	Charme
Forbici	Schere
Fotogenico	Fotogen
Fragranza	Duft
Grazia	Anmut
Liscio	Glatt
Mascara	Wimperntusche
Oli	Öle
Pelle	Haut
Prodotti	Produkte
Riccioli	Locken
Rossetto	Lippenstift
Shampoo	Shampoo
Specchio	Spiegel
Stilista	Stylist

Biologia
Biologie

Anatomia	Anatomie
Batteri	Bakterien
Cellula	Zelle
Collagene	Kollagen
Cromosoma	Chromosom
Embrione	Embryo
Enzima	Enzym
Evoluzione	Evolution
Fotosintesi	Photosynthese
Mammifero	Säugetier
Mutazione	Mutation
Naturale	Natürlich
Nervo	Nerv
Neurone	Neuron
Ormone	Hormon
Osmosi	Osmose
Proteina	Protein
Rettile	Reptil
Simbiosi	Symbiose
Sinapsi	Synapse

Caffè
Kaffee

Acido	Sauer
Acqua	Wasser
Amaro	Bitter
Aroma	Aroma
Arrostito	Geröstet
Bevanda	Getränk
Caffeina	Koffein
Crema	Creme
Filtro	Filter
Gusto	Geschmack
Latte	Milch
Liquido	Flüssigkeit
Macinare	Mahlen
Mattina	Morgen
Nero	Schwarz
Origine	Ursprung
Prezzo	Preis
Tazza	Tasse
Varietà	Vielfalt
Zucchero	Zucker

Campeggio
Camping

Alberi	Bäume
Amaca	Hängematte
Animali	Tiere
Avventura	Abenteuer
Bussola	Kompass
Cabina	Kabine
Caccia	Jagd
Canoa	Kanu
Cappello	Hut
Corda	Seil
Divertimento	Spass
Foresta	Wald
Fuoco	Feuer
Insetto	Insekt
Lago	See
Luna	Mond
Mappa	Karte
Montagna	Berg
Natura	Natur
Tenda	Zelt

Casa
Haus

Attico	Dachboden
Biblioteca	Bibliothek
Camera	Zimmer
Camino	Kamin
Cucina	Küche
Doccia	Dusche
Finestra	Fenster
Garage	Garage
Giardino	Garten
Lampada	Lampe
Parete	Wand
Pavimento	Boden
Porta	Tür
Recinto	Zaun
Rubinetto	Wasserhahn
Scopa	Besen
Soffitto	Decke
Specchio	Spiegel
Tappeto	Teppich
Tetto	Dach

Chimica
Chemie

Acido	Säure
Alcalino	Alkalisch
Atomico	Atomic
Calore	Hitze
Carbonio	Kohlenstoff
Catalizzatore	Katalysator
Cloro	Chlor
Elettrone	Elektron
Enzima	Enzym
Gas	Gas
Idrogeno	Wasserstoff
Ione	Ion
Liquido	Flüssigkeit
Molecola	Molekül
Nucleare	Nuklear
Organico	Organisch
Ossigeno	Sauerstoff
Peso	Gewicht
Sale	Salz
Temperatura	Temperatur

Cibo #1
Essen #1

Aglio	Knoblauch
Basilico	Basilikum
Cannella	Zimt
Carne	Fleisch
Carota	Karotte
Cipolla	Zwiebel
Fragola	Erdbeere
Insalata	Salat
Latte	Milch
Limone	Zitrone
Menta	Minze
Orzo	Gerste
Pera	Birne
Rapa	Rübe
Sale	Salz
Spinaci	Spinat
Succo	Saft
Tonno	Thunfisch
Torta	Kuchen
Zucchero	Zucker

Cibo #2
Essen #2

Banana	Banane
Broccolo	Brokkoli
Ciliegia	Kirsche
Cioccolato	Schokolade
Formaggio	Käse
Fungo	Pilz
Grano	Weizen
Kiwi	Kiwi
Mela	Apfel
Melanzana	Aubergine
Pane	Brot
Pesce	Fisch
Pollo	Huhn
Pomodoro	Tomate
Prosciutto	Schinken
Riso	Reis
Sedano	Sellerie
Uovo	Ei
Uva	Traube
Yogurt	Joghurt

Cioccolato
Schokolade

Amaro	Bitter
Antiossidante	Antioxidans
Arachidi	Erdnüsse
Aroma	Aroma
Artigianale	Handwerklich
Cacao	Kakao
Calorie	Kalorien
Caramello	Karamell
Delizioso	Köstlich
Dolce	Süss
Esotico	Exotisch
Gusto	Geschmack
Ingrediente	Zutat
Mangiare	Essen
Noce di Cocco	Kokosnuss
Polvere	Pulver
Preferito	Favorit
Qualità	Qualität
Ricetta	Rezept
Zucchero	Zucker

Città
Stadt

Aeroporto	Flughafen
Banca	Bank
Biblioteca	Bibliothek
Cinema	Kino
Clinica	Klinik
Farmacia	Apotheke
Fiorista	Blumenhändler
Galleria	Galerie
Hotel	Hotel
Libreria	Buchhandlung
Mercato	Markt
Museo	Museum
Negozio	Geschäft
Panetteria	Bäckerei
Scuola	Schule
Stadio	Stadion
Supermercato	Supermarkt
Teatro	Theater
Università	Universität
Zoo	Zoo

Colori
Farben

Arancia	Orange
Azzurro	Azurblau
Beige	Beige
Bianco	Weiss
Blu	Blau
Ciano	Zyan
Cremisi	Purpur
Fucsia	Fuchsie
Giallo	Gelb
Grigio	Grau
Indaco	Indigo
Magenta	Magenta
Marrone	Braun
Nero	Schwarz
Rosa	Rosa
Rosso	Rot
Seppia	Sepia
Verde	Grün
Viola	Lila

Corpo Umano
Menschlicher Körper

Bocca	Mund
Caviglia	Knöchel
Cervello	Gehirn
Collo	Hals
Cuore	Herz
Dito	Finger
Faccia	Gesicht
Gamba	Bein
Ginocchio	Knie
Gomito	Ellbogen
Mano	Hand
Mento	Kinn
Naso	Nase
Occhio	Auge
Orecchio	Ohr
Pelle	Haut
Sangue	Blut
Spalla	Schulter
Stomaco	Magen
Testa	Kopf

Creatività
Kreativität

Abilità	Fähigkeit
Artistico	Künstlerisch
Autenticità	Authentizität
Chiarezza	Klarheit
Drammatico	Dramatisch
Espressione	Ausdruck
Fluidità	Flüssigkeit
Idee	Ideen
Immaginazione	Phantasie
Immagine	Bild
Impressione	Eindruck
Intensità	Intensität
Intuizione	Intuition
Inventivo	Erfinderisch
Ispirazione	Inspiration
Sensazione	Sensation
Sentimenti	Gefühle
Spontaneo	Spontan
Visioni	Visionen
Vitalità	Vitalität

Danza
Tanzen

Accademia	Akademie
Arte	Kunst
Classico	Klassisch
Compagno	Partner
Coreografia	Choreographie
Corpo	Körper
Cultura	Kultur
Culturale	Kulturell
Emozione	Emotion
Espressivo	Ausdrucksvoll
Gioioso	Freudig
Grazia	Anmut
Movimento	Bewegung
Musica	Musik
Postura	Haltung
Prova	Probe
Ritmo	Rhythmus
Salto	Springen
Tradizionale	Traditionell
Visivo	Visuell

Diplomazia
Diplomatie

Ambasciata	Botschaft
Ambasciatore	Botschafter
Cittadini	Bürger
Comunità	Gemeinschaft
Conflitto	Konflikt
Consigliere	Berater
Diplomatico	Diplomatisch
Discussione	Diskussion
Etica	Ethik
Giustizia	Gerechtigkeit
Governo	Regierung
Integrità	Integrität
Lingue	Sprachen
Politica	Politik
Risoluzione	Auflösung
Sicurezza	Sicherheit
Soluzione	Lösung
Straniero	Ausländisch
Trattato	Vertrag
Umanitario	Humanitär

Discipline Scientifiche
Wissenschaftliche Disziplinen

Anatomia	Anatomie
Archeologia	Archäologie
Astronomia	Astronomie
Biochimica	Biochemie
Biologia	Biologie
Botanica	Botanik
Chimica	Chemie
Ecologia	Ökologie
Fisiologia	Physiologie
Geologia	Geologie
Immunologia	Immunologie
Linguistica	Linguistik
Meccanica	Mechanik
Meteorologia	Meteorologie
Mineralogia	Mineralogie
Neurologia	Neurologie
Psicologia	Psychologie
Sociologia	Soziologie
Termodinamica	Thermodynamik
Zoologia	Zoologie

Ecologia
Ökologie

Clima	Klima
Comunità	Gemeinschaft
Diversità	Vielfalt
Fauna	Fauna
Flora	Flora
Globale	Global
Habitat	Lebensraum
Marino	Marine
Montagne	Berge
Natura	Natur
Naturale	Natürlich
Palude	Sumpf
Piante	Pflanzen
Risorse	Ressourcen
Siccità	Dürre
Sopravvivenza	Überleben
Sostenibile	Nachhaltig
Specie	Art
Vegetazione	Vegetation
Volontari	Freiwillige

Edifici
Gebäude

Ambasciata	Botschaft
Appartamento	Apartment
Cabina	Kabine
Castello	Schloss
Cinema	Kino
Fabbrica	Fabrik
Fienile	Scheune
Hotel	Hotel
Laboratorio	Labor
Museo	Museum
Ospedale	Krankenhaus
Osservatorio	Observatorium
Ostello	Herberge
Scuola	Schule
Stadio	Stadion
Supermercato	Supermarkt
Teatro	Theater
Tenda	Zelt
Torre	Turm
Università	Universität

Elettricità
Elektrizität

Attrezzatura	Ausrüstung
Batteria	Batterie
Cavo	Kabel
Conservazione	Lagerung
Elettricista	Elektriker
Elettrico	Elektrisch
Fili	Drähte
Generatore	Generator
Lampada	Lampe
Laser	Laser
Magnete	Magnet
Negativo	Negativ
Oggetti	Objekte
Positivo	Positiv
Presa	Steckdose
Quantità	Menge
Rete	Netzwerk
Telefono	Telefon
Televisione	Fernsehen

Emozioni
Emotionen

Amore	Liebe
Calma	Ruhig
Contenuto	Inhalt
Eccitato	Aufgeregt
Gioia	Freude
Grato	Dankbar
Imbarazzato	Beschämt
Noia	Langeweile
Pace	Frieden
Paura	Angst
Rabbia	Wut
Rilassato	Entspannt
Rilievo	Relief
Simpatia	Sympathie
Soddisfatto	Zufrieden
Sorpresa	Überraschen
Tenerezza	Zärtlichkeit
Tranquillità	Ruhe
Tristezza	Traurigkeit

Energia
Energie

Ambiente	Umwelt
Batteria	Batterie
Benzina	Benzin
Calore	Hitze
Carbonio	Kohlenstoff
Carburante	Brennstoff
Diesel	Diesel
Elettrico	Elektrisch
Elettrone	Elektron
Entropia	Entropie
Fotone	Photon
Idrogeno	Wasserstoff
Industria	Industrie
Inquinamento	Verschmutzung
Motore	Motor
Nucleare	Nuklear
Rinnovabile	Erneuerbar
Turbina	Turbine
Vapore	Dampf
Vento	Wind

Erboristeria
Kräuterkunde

Aglio	Knoblauch
Aneto	Dill
Aromatico	Aromatisch
Basilico	Basilikum
Culinario	Kulinarisch
Dragoncello	Estragon
Finocchio	Fenchel
Fiore	Blume
Giardino	Garten
Ingrediente	Zutat
Lavanda	Lavendel
Maggiorana	Majoran
Menta	Minze
Origano	Oregano
Prezzemolo	Petersilie
Qualità	Qualität
Rosmarino	Rosmarin
Timo	Thymian
Verde	Grün
Zafferano	Safran

Escursionismo
Wandern

Acqua	Wasser
Animali	Tiere
Campeggio	Camping
Clima	Klima
Guide	Führer
Mappa	Karte
Montagna	Berg
Natura	Natur
Orientamento	Orientierung
Parchi	Parks
Pericoli	Gefahren
Pesante	Schwer
Pietre	Steine
Preparazione	Vorbereitung
Scogliera	Klippe
Selvaggio	Wild
Sole	Sonne
Stanco	Müde
Stivali	Stiefel
Vertice	Gipfel

Famiglia
Familie

Antenato	Vorfahr
Bambini	Kinder
Bambino	Kind
Cugino	Vetter
Figlia	Tochter
Fratello	Bruder
Infanzia	Kindheit
Madre	Mutter
Marito	Ehemann
Materno	Mütterlich
Moglie	Ehefrau
Nipote	Neffe
Nipote	Enkel
Nonna	Grossmutter
Nonno	Grossvater
Padre	Vater
Paterno	Väterlich
Sorella	Schwester
Zia	Tante
Zio	Onkel

Fantascienza
Science Fiction

Atomico	Atomic
Cinema	Kino
Distopia	Dystopie
Esplosione	Explosion
Estremo	Extrem
Fantastico	Fantastisch
Fuoco	Feuer
Futuristico	Futuristisch
Galassia	Galaxie
Illusione	Illusion
Immaginario	Imaginär
Libri	Bücher
Misterioso	Geheimnisvoll
Mondo	Welt
Oracolo	Orakel
Pianeta	Planet
Realistico	Realistisch
Robot	Roboter
Tecnologia	Technologie
Utopia	Utopie

Fattoria #1
Bauernhof #1

Acqua	Wasser
Ape	Biene
Asino	Esel
Campo	Feld
Cane	Hund
Capra	Ziege
Cavallo	Pferd
Fertilizzante	Dünger
Fieno	Heu
Gatto	Katze
Gregge	Herde
Maiale	Schwein
Miele	Honig
Mucca	Kuh
Pollo	Huhn
Recinto	Zaun
Riso	Reis
Semi	Saat
Terra	Land
Vitello	Kalb

Fattoria #2
Bauernhof #2

Agnello	Lamm
Agricoltore	Bauer
Alveare	Bienenstock
Anatra	Ente
Animali	Tiere
Cibo	Essen
Fienile	Scheune
Frutta	Frucht
Frutteto	Obstgarten
Grano	Weizen
Irrigazione	Bewässerung
Lama	Lama
Latte	Milch
Mais	Mais
Oche	Gänse
Orzo	Gerste
Pastore	Schäfer
Pecora	Schaf
Prato	Wiese
Trattore	Traktor

Filantropia
Philanthropie

Bambini	Kinder
Bisogno	Brauchen
Carità	Nächstenliebe
Comunità	Gemeinschaft
Contatti	Kontakte
Donare	Spenden
Finanza	Finanzieren
Fondi	Mittel
Gioventù	Jugend
Globale	Global
Gruppi	Gruppen
Missione	Mission
Obiettivi	Ziele
Onestà	Ehrlichkeit
Persone	Menschen
Programmi	Programme
Pubblico	Öffentlich
Storia	Geschichte
Umanità	Menschheit

Fiori
Blumen

Dente di Leone	Löwenzahn
Gardenia	Gardenie
Gelsomino	Jasmin
Giglio	Lilie
Girasole	Sonnenblume
Ibisco	Hibiskus
Lavanda	Lavendel
Lilla	Lila
Magnolia	Magnolie
Margherita	Gänseblümchen
Mazzo	Strauss
Orchidea	Orchidee
Papavero	Mohn
Passiflora	Passionsblume
Peonia	Pfingstrose
Petalo	Blütenblatt
Plumeria	Plumeria
Rosa	Rose
Trifoglio	Klee
Tulipano	Tulpe

Fisica
Physik

Atomo	Atom
Caos	Chaos
Chimico	Chemisch
Densità	Dichte
Elettrone	Elektron
Espansione	Expansion
Formula	Formel
Frequenza	Frequenz
Gas	Gas
Grafico	Graph
Gravità	Schwerkraft
Magnetismo	Magnetismus
Meccanica	Mechanik
Molecola	Molekül
Motore	Motor
Nucleare	Nuklear
Particella	Partikel
Relatività	Relativität
Universale	Universal
Variabile	Variable

Forme
Formen

Angolo	Ecke
Arco	Bogen
Bordi	Kanten
Cerchio	Kreis
Cilindro	Zylinder
Cono	Kegel
Cubo	Würfel
Curva	Kurve
Ellisse	Ellipse
Iperbole	Hyperbel
Lato	Seite
Linea	Linie
Ovale	Oval
Piramide	Pyramide
Poligono	Polygon
Prisma	Prisma
Quadrato	Quadrat
Rettangolo	Rechteck
Sfera	Kugel
Triangolo	Dreieck

Frutta
Obst

Albicocca	Aprikose
Ananas	Ananas
Arancia	Orange
Avocado	Avocado
Bacca	Beere
Banana	Banane
Ciliegia	Kirsche
Kiwi	Kiwi
Lampone	Himbeere
Limone	Zitrone
Mango	Mango
Mela	Apfel
Melone	Melone
Mora	Brombeere
Nettarina	Nektarine
Papaia	Papaya
Pera	Birne
Pesca	Pfirsich
Prugna	Pflaume
Uva	Traube

Geografia
Geographie

Altitudine	Höhe
Atlante	Atlas
Città	Stadt
Continente	Kontinent
Emisfero	Hemisphäre
Fiume	Fluss
Isola	Insel
Latitudine	Breite
Longitudine	Längengrad
Mappa	Karte
Mare	Meer
Meridiano	Meridian
Mondo	Welt
Montagna	Berg
Nord	Norden
Ovest	West
Paese	Land
Regione	Region
Sud	Süden
Territorio	Gebiet

Geologia
Geologie

Acido	Säure
Altopiano	Plateau
Calcio	Kalzium
Caverna	Höhle
Continente	Kontinent
Corallo	Koralle
Cristalli	Kristalle
Erosione	Erosion
Fossile	Fossil
Geyser	Geysir
Lava	Lava
Minerali	Mineralien
Pietra	Stein
Quarzo	Quarz
Sale	Salz
Stalagmiti	Stalagmiten
Stalattite	Stalaktit
Strato	Schicht
Terremoto	Erdbeben
Vulcano	Vulkan

Geometria
Geometrie

Altezza	Höhe
Angolo	Winkel
Calcolo	Berechnung
Cerchio	Kreis
Curva	Kurve
Diametro	Durchmesser
Dimensione	Dimension
Equazione	Gleichung
Logica	Logik
Mediano	Median
Numero	Nummer
Orizzontale	Horizontal
Parallelo	Parallel
Proporzione	Anteil
Segmento	Segment
Simmetria	Symmetrie
Superficie	Oberfläche
Teoria	Theorie
Triangolo	Dreieck
Verticale	Vertikal

Giardinaggio
Gartenarbeit

Acqua	Wasser
Botanico	Botanisch
Clima	Klima
Commestibile	Essbar
Compost	Kompost
Contenitore	Container
Esotico	Exotisch
Fiorire	Blüte
Foglia	Blatt
Fogliame	Laub
Frutteto	Obstgarten
Mazzo	Strauss
Semi	Saat
Specie	Art
Sporco	Schmutz
Stagionale	Saisonal
Suolo	Boden
Tubo	Schlauch
Umidità	Feuchtigkeit

Giardino
Garten

Albero	Baum
Amaca	Hängematte
Cespuglio	Busch
Erba	Gras
Erbacce	Unkraut
Fiore	Blume
Frutteto	Obstgarten
Garage	Garage
Giardino	Garten
Pala	Schaufel
Panca	Bank
Portico	Veranda
Prato	Rasen
Rastrello	Rechen
Recinto	Zaun
Stagno	Teich
Suolo	Boden
Terrazza	Terrasse
Trampolino	Trampolin
Tubo	Schlauch

Giorni e Mesi
Tage und Monate

Agosto	August
Anno	Jahr
Aprile	April
Calendario	Kalender
Dicembre	Dezember
Domenica	Sonntag
Febbraio	Februar
Gennaio	Januar
Giugno	Juni
Luglio	Juli
Lunedì	Montag
Martedì	Dienstag
Mercoledì	Mittwoch
Mese	Monat
Novembre	November
Ottobre	Oktober
Sabato	Samstag
Settembre	September
Settimana	Woche
Venerdì	Freitag

Governo
Regierung

Capo	Führer
Civile	Zivil
Costituzione	Verfassung
Democrazia	Demokratie
Diritti	Rechte
Discorso	Rede
Discussione	Diskussion
Giudiziario	Justiziell
Giustizia	Gerechtigkeit
Legge	Gesetz
Libertà	Freiheit
Monumento	Denkmal
Nazionale	National
Nazione	Nation
Politica	Politik
Potenza	Macht
Quartiere	Bezirk
Simbolo	Symbol
Stato	Staat
Uguaglianza	Gleichheit

Guida
Fahren

Attenzione	Vorsicht
Auto	Auto
Autobus	Bus
Carburante	Brennstoff
Freni	Bremsen
Garage	Garage
Gas	Gas
Incidente	Unfall
Licenza	Lizenz
Mappa	Karte
Moto	Motorrad
Motore	Motor
Pedonale	Fussgänger
Pericolo	Gefahr
Polizia	Polizei
Sicurezza	Sicherheit
Strada	Strasse
Traffico	Verkehr
Trasporto	Transport
Tunnel	Tunnel

Imbarcazioni
Boote

Albero	Mast
Ancora	Anker
Barca a Vela	Segelboot
Boa	Boje
Canoa	Kanu
Corda	Seil
Equipaggio	Crew
Fiume	Fluss
Kayak	Kajak
Lago	See
Mare	Meer
Marea	Tide
Marinaio	Seemann
Motore	Motor
Nautico	Nautisch
Oceano	Ozean
Onde	Wellen
Traghetto	Fähre
Yacht	Yacht
Zattera	Floss

Immigrazione
Einwanderung

Adulti	Erwachsene
Aiuto	Hilfe
Alloggio	Gehäuse
Amministrazione	Verwaltung
Approvazione	Genehmigung
Bambini	Kinder
Comunicazione	Kommunikation
Finanziamento	Finanzierung
Frontiere	Grenzen
Legge	Gesetz
Lingua	Sprache
Processo	Prozess
Protezione	Schutz
Scadenza	Frist
Situazione	Situation
Soluzione	Lösung
Stress	Stress
Trattativa	Verhandlung
Ufficiale	Offizier

Ingegneria
Ingenieurwesen

Angolo	Winkel
Asse	Achse
Calcolo	Berechnung
Costruzione	Konstruktion
Diagramma	Diagramm
Diametro	Durchmesser
Diesel	Diesel
Distribuzione	Verteilung
Energia	Energie
Forza	Stärke
Ingranaggi	Getriebe
Liquido	Flüssigkeit
Macchina	Maschine
Misurazione	Messung
Motore	Motor
Profondità	Tiefe
Propulsione	Antrieb
Rotazione	Drehung
Stabilità	Stabilität
Struttura	Struktur

Jazz
Jazz

Album	Album
Applauso	Applaus
Artista	Künstler
Batteria	Schlagzeug
Canzone	Lied
Compositore	Komponist
Concerto	Konzert
Enfasi	Betonung
Famoso	Berühmt
Genere	Genre
Improvvisazione	Improvisation
Musica	Musik
Nuovo	Neu
Orchestra	Orchester
Preferiti	Favoriten
Ritmo	Rhythmus
Stile	Stil
Talento	Talent
Tecnica	Technik
Vecchio	Alt

Letteratura
Literatur

Analisi	Analyse
Analogia	Analogie
Aneddoto	Anekdote
Autore	Autor
Biografia	Biographie
Confronto	Vergleich
Critica	Kritik
Descrizione	Beschreibung
Dialogo	Dialog
Genere	Genre
Metafora	Metapher
Opinione	Meinung
Poesia	Gedicht
Poetico	Poetisch
Rima	Reim
Ritmo	Rhythmus
Romanzo	Roman
Stile	Stil
Tema	Thema
Tragedia	Tragödie

Libri
Bücher

Autore	Autor
Avventura	Abenteuer
Collezione	Kollektion
Contesto	Kontext
Dualità	Dualität
Epico	Episch
Inventivo	Erfinderisch
Letterario	Literarisch
Lettore	Leser
Narratore	Erzähler
Pagina	Seite
Poesia	Poesie
Rilevante	Relevant
Romanzo	Roman
Scritto	Geschrieben
Serie	Serie
Storia	Geschichte
Storico	Historisch
Tragico	Tragisch
Umoristico	Humorvoll

Malattia
Krankheit

Acuto	Akut
Addominale	Abdominal
Allergie	Allergien
Batterico	Bakteriell
Benessere	Wellness
Contagioso	Ansteckend
Corpo	Körper
Cronico	Chronisch
Cuore	Herz
Debole	Schwach
Ereditario	Erblich
Genetico	Genetisch
Immunità	Immunität
Infiammazione	Entzündung
Neuropatia	Neuropathie
Polmonare	Pulmonal
Respiratorio	Atemwege
Salute	Gesundheit
Sindrome	Syndrom
Terapia	Therapie

Mammiferi
Säugetiere

Balena	Wal
Cane	Hund
Canguro	Känguru
Cavallo	Pferd
Cervo	Hirsch
Coniglio	Hase
Coyote	Kojote
Delfino	Delfin
Elefante	Elefant
Gatto	Katze
Giraffa	Giraffe
Gorilla	Gorilla
Leone	Löwe
Lupo	Wolf
Orso	Bär
Pecora	Schaf
Scimmia	Affe
Toro	Stier
Volpe	Fuchs
Zebra	Zebra

Matematica
Mathematik

Angoli	Winkel
Aritmetica	Arithmetik
Decimale	Dezimal
Diametro	Durchmesser
Divisione	Division
Equazione	Gleichung
Esponente	Exponent
Frazione	Bruchteil
Geometria	Geometrie
Parallelo	Parallel
Perimetro	Umfang
Perpendicolare	Senkrecht
Poligono	Polygon
Quadrato	Quadrat
Raggio	Radius
Rettangolo	Rechteck
Simmetria	Symmetrie
Somma	Summe
Triangolo	Dreieck
Volume	Volumen

Meditazione
Meditation

Accettazione	Annahme
Calma	Ruhig
Chiarezza	Klarheit
Compassione	Mitgefühl
Felicità	Glück
Gratitudine	Dankbarkeit
Insegnamenti	Lehre
Intuizione	Einblick
Mentale	Geistig
Mente	Verstand
Movimento	Bewegung
Musica	Musik
Natura	Natur
Pace	Frieden
Pensieri	Gedanken
Postura	Haltung
Prospettiva	Perspektive
Respirazione	Atmung
Silenzio	Stille
Sveglio	Wach

Meteo
Wetter

Arcobaleno	Regenbogen
Asciutto	Trocken
Atmosfera	Atmosphäre
Brezza	Brise
Cielo	Himmel
Clima	Klima
Fulmine	Blitz
Ghiaccio	Eis
Monsone	Monsun
Nebbia	Nebel
Nube	Wolke
Polare	Polar
Siccità	Dürre
Temperatura	Temperatur
Tempesta	Sturm
Tornado	Tornado
Tropicale	Tropisch
Tuono	Donner
Uragano	Hurrikan
Vento	Wind

Misurazioni
Messungen

Altezza	Höhe
Byte	Byte
Centimetro	Zentimeter
Chilogrammo	Kilogramm
Chilometro	Kilometer
Decimale	Dezimal
Grado	Grad
Grammo	Gramm
Larghezza	Breite
Litro	Liter
Lunghezza	Länge
Massa	Masse
Metro	Meter
Minuto	Minute
Oncia	Unze
Peso	Gewicht
Pollice	Zoll
Profondità	Tiefe
Tonnellata	Tonne
Volume	Volumen

Mitologia
Mythologie

Archetipo	Archetyp
Comportamento	Verhalten
Creatura	Kreatur
Creazione	Kreation
Cultura	Kultur
Disastro	Katastrophe
Divinità	Gottheiten
Eroe	Held
Forza	Stärke
Fulmine	Blitz
Gelosia	Eifersucht
Guerriero	Krieger
Labirinto	Labyrinth
Leggenda	Legende
Magico	Magisch
Mortale	Sterblich
Mostro	Monster
Paradiso	Himmel
Tuono	Donner
Vendetta	Rache

Moda
Mode

Abbigliamento	Kleidung
Boutique	Boutique
Caro	Teuer
Confortevole	Komfortabel
Elegante	Elegant
Modello	Muster
Moderno	Modern
Modesto	Bescheiden
Originale	Original
Pizzo	Spitze
Pratico	Praktisch
Pulsanti	Tasten
Ricamo	Stickerei
Semplice	Einfach
Sofisticato	Anspruchsvoll
Stile	Stil
Tendenza	Trend
Tessuto	Stoff
Trama	Textur

Musica
Musik

Album	Album
Armonia	Harmonie
Armonico	Harmonisch
Ballata	Ballade
Cantante	Sänger
Cantare	Singen
Classico	Klassisch
Coro	Chor
Lirico	Lyrisch
Melodia	Melodie
Microfono	Mikrofon
Musicale	Musical
Musicista	Musiker
Opera	Oper
Poetico	Poetisch
Registrazione	Aufnahme
Ritmico	Rhythmisch
Ritmo	Rhythmus
Strumento	Instrument
Tempo	Tempo

Natura
Natur

Animali	Tiere
Api	Bienen
Artico	Arktis
Bellezza	Schönheit
Deserto	Wüste
Dinamico	Dynamisch
Erosione	Erosion
Fiume	Fluss
Fogliame	Laub
Foresta	Wald
Ghiacciaio	Gletscher
Montagne	Berge
Nebbia	Nebel
Nuvole	Wolken
Rifugio	Schutz
Santuario	Heiligtum
Selvaggio	Wild
Sereno	Heiter
Tropicale	Tropisch
Vitale	Lebenswichtig

Numeri
Zahlen

Cinque	Fünf
Decimale	Dezimal
Diciannove	Neunzehn
Diciassette	Siebzehn
Diciotto	Achtzehn
Dieci	Zehn
Dodici	Zwölf
Due	Zwei
Nove	Neun
Otto	Acht
Quattordici	Vierzehn
Quattro	Vier
Quindici	Fünfzehn
Sedici	Sechzehn
Sei	Sechs
Sette	Sieben
Tre	Drei
Tredici	Dreizehn
Venti	Zwanzig
Zero	Null

Nutrizione
Ernährung

Amaro	Bitter
Appetito	Appetit
Bilanciato	Ausgewogen
Calorie	Kalorien
Carboidrati	Kohlenhydrate
Commestibile	Essbar
Dieta	Diät
Digestione	Verdauung
Fermentazione	Fermentation
Liquidi	Flüssigkeiten
Nutriente	Nährstoff
Peso	Gewicht
Proteine	Proteine
Qualità	Qualität
Salsa	Sosse
Salute	Gesundheit
Sano	Gesund
Spezie	Gewürze
Tossina	Toxin
Vitamina	Vitamin

Oceano
Ozean

Anguilla	Aal
Balena	Wal
Barca	Boot
Corallo	Koralle
Delfino	Delfin
Gamberetto	Garnele
Granchio	Krabbe
Maree	Gezeiten
Medusa	Qualle
Onde	Wellen
Ostrica	Auster
Pesce	Fisch
Polpo	Krake
Sale	Salz
Scogliera	Riff
Spugna	Schwamm
Squalo	Hai
Tartaruga	Schildkröte
Tempesta	Sturm
Tonno	Thunfisch

Paesaggi
Landschaften

Cascata	Wasserfall
Collina	Hügel
Deserto	Wüste
Fiume	Fluss
Geyser	Geysir
Ghiacciaio	Gletscher
Grotta	Höhle
Iceberg	Eisberg
Isola	Insel
Lago	See
Mare	Meer
Montagna	Berg
Oasi	Oase
Oceano	Ozean
Palude	Sumpf
Penisola	Halbinsel
Spiaggia	Strand
Tundra	Tundra
Valle	Tal
Vulcano	Vulkan

Paesi #1
Länder #1

Brasile	Brasilien
Cambogia	Kambodscha
Canada	Kanada
Egitto	Ägypten
Finlandia	Finnland
Germania	Deutschland
India	Indien
Iraq	Irak
Israele	Israel
Libia	Libyen
Mali	Mali
Marocco	Marokko
Norvegia	Norwegen
Panama	Panama
Polonia	Polen
Romania	Rumänien
Senegal	Senegal
Spagna	Spanien
Venezuela	Venezuela
Vietnam	Vietnam

Paesi #2
Länder #2

Albania	Albanien
Danimarca	Dänemark
Etiopia	Äthiopien
Giamaica	Jamaika
Giappone	Japan
Grecia	Griechenland
Haiti	Haiti
Indonesia	Indonesien
Irlanda	Irland
Laos	Laos
Liberia	Liberia
Messico	Mexiko
Nepal	Nepal
Nigeria	Nigeria
Pakistan	Pakistan
Russia	Russland
Siria	Syrien
Sudan	Sudan
Ucraina	Ukraine
Uganda	Uganda

Pesca
Angeln

Acqua	Wasser
Attrezzatura	Ausrüstung
Barca	Boot
Branchie	Kiemen
Cesto	Korb
Cucinare	Kochen
Esagerazione	Übertreibung
Esca	Köder
Filo	Draht
Fiume	Fluss
Gancio	Haken
Lago	See
Mascella	Kiefer
Oceano	Ozean
Pazienza	Geduld
Peso	Gewicht
Pinne	Flossen
Spiaggia	Strand
Stagione	Jahreszeit

Piante
Pflanzen

Albero	Baum
Bacca	Beere
Bambù	Bambus
Botanica	Botanik
Cactus	Kaktus
Cespuglio	Busch
Crescere	Wachsen
Edera	Efeu
Erba	Gras
Fagiolo	Bohne
Fertilizzante	Dünger
Fiore	Blume
Flora	Flora
Fogliame	Laub
Foresta	Wald
Giardino	Garten
Muschio	Moos
Petalo	Blütenblatt
Radice	Wurzel
Vegetazione	Vegetation

Professioni #1
Berufe #1

Allenatore	Trainer
Ambasciatore	Botschafter
Artista	Künstler
Astronomo	Astronom
Avvocato	Rechtsanwalt
Ballerino	Tänzer
Banchiere	Bankier
Cacciatore	Jäger
Cartografo	Kartograph
Editore	Editor
Farmacista	Apotheker
Geologo	Geologe
Gioielliere	Juwelier
Idraulico	Klempner
Marinaio	Seemann
Medico	Arzt
Musicista	Musiker
Pianista	Pianist
Psicologo	Psychologe
Veterinario	Tierarzt

Professioni #2
Berufe #2

Astronauta	Astronaut
Bibliotecario	Bibliothekar
Biologo	Biologe
Chirurgo	Chirurg
Dentista	Zahnarzt
Filosofo	Philosoph
Fotografo	Fotograf
Giardiniere	Gärtner
Giornalista	Journalist
Illustratore	Illustrator
Ingegnere	Ingenieur
Insegnante	Lehrer
Inventore	Erfinder
Investigatore	Ermittler
Linguista	Linguist
Medico	Arzt
Pilota	Pilot
Pittore	Maler
Ricercatore	Forscher
Zoologo	Zoologe

Riscaldamento Globale
Globale Erwärmung

Ambientale	Umwelt
Artico	Arktis
Clima	Klima
Crisi	Krise
Dati	Daten
Energia	Energie
Futuro	Zukunft
Gas	Gas
Generazioni	Generationen
Governo	Regierung
Habitat	Lebensraum
Industria	Industrie
Internazionale	International
Legislazione	Gesetzgebung
Ora	Jetzt
Popolazioni	Bevölkerung
Ridurre	Reduzieren
Sviluppo	Entwicklung
Temperature	Temperaturen

Ristorante #2
Restaurant #2

Acqua	Wasser
Aperitivo	Vorspeise
Bevanda	Getränk
Cameriere	Kellner
Cena	Abendessen
Cucchiaio	Löffel
Delizioso	Köstlich
Forchetta	Gabel
Frutta	Frucht
Ghiaccio	Eis
Insalata	Salat
Minestra	Suppe
Pesce	Fisch
Pranzo	Mittagessen
Sale	Salz
Sedia	Stuhl
Spezie	Gewürze
Torta	Kuchen
Uova	Eier
Verdure	Gemüse

Salute e Benessere #1
Gesundheit und Wellness #1

Abitudine	Gewohnheit
Altezza	Höhe
Attivo	Aktiv
Batteri	Bakterien
Clinica	Klinik
Fame	Hunger
Farmacia	Apotheke
Frattura	Fraktur
Medicina	Medizin
Medico	Arzt
Muscoli	Muskel
Nervi	Nerven
Ormoni	Hormone
Pelle	Haut
Postura	Haltung
Riflesso	Reflex
Rilassamento	Entspannung
Terapia	Therapie
Trattamento	Behandlung
Virus	Virus

Salute e Benessere #2
Gesundheit und Wellness #2

Allergia	Allergie
Anatomia	Anatomie
Appetito	Appetit
Caloria	Kalorie
Corpo	Körper
Dieta	Diät
Digestione	Verdauung
Disidratazione	Austrocknung
Energia	Energie
Genetica	Genetik
Igiene	Hygiene
Infezione	Infektion
Malattia	Krankheit
Massaggio	Massage
Nutrizione	Ernährung
Ospedale	Krankenhaus
Peso	Gewicht
Sangue	Blut
Sano	Gesund
Vitamina	Vitamin

Scacchi
Schach

Avversario	Gegner
Bianco	Weiss
Campione	Champion
Concorso	Wettbewerb
Diagonale	Diagonal
Giocatore	Spieler
Gioco	Spiel
Intelligente	Klug
Nero	Schwarz
Passivo	Passiv
Per Imparare	Lernen
Punti	Punkte
Re	König
Regina	Königin
Regole	Regeln
Sacrificio	Opfer
Strategia	Strategie
Tempo	Zeit
Torneo	Turnier

Spezie
Gewürze

Aglio	Knoblauch
Amaro	Bitter
Anice	Anis
Cannella	Zimt
Cardamomo	Kardamom
Cipolla	Zwiebel
Coriandolo	Koriander
Cumino	Kreuzkümmel
Curcuma	Kurkuma
Curry	Curry
Dolce	Süss
Finocchio	Fenchel
Liquirizia	Lakritze
Noce Moscata	Muskatnuss
Paprika	Paprika
Pepe	Pfeffer
Sale	Salz
Vaniglia	Vanille
Zafferano	Safran
Zenzero	Ingwer

Sport
Sport

Allenatore	Trainer
Atleta	Athlet
Capacità	Fähigkeit
Ciclismo	Radfahren
Corpo	Körper
Danza	Tanzen
Dieta	Diät
Forza	Stärke
Jogging	Joggen
Massimizzare	Maximieren
Metabolico	Metabolisch
Muscoli	Muskel
Nuotare	Schwimmen
Nutrizione	Ernährung
Obiettivo	Ziel
Ossa	Knochen
Programma	Programm
Resistenza	Ausdauer
Salute	Gesundheit
Sportivo	Sport

Strumenti Musicali
Musikinstrumente

Armonica	Mundharmonika
Arpa	Harfe
Banjo	Banjo
Chitarra	Gitarre
Clarinetto	Klarinette
Fagotto	Fagott
Flauto	Flöte
Gong	Gong
Mandolino	Mandoline
Marimba	Marimba
Oboe	Oboe
Percussione	Schlagzeug
Pianoforte	Klavier
Sassofono	Saxophon
Tamburello	Tamburin
Tamburo	Trommel
Tromba	Trompete
Trombone	Posaune
Violino	Geige
Violoncello	Cello

Tempo
Zeit

Anno	Jahr
Annuale	Jährlich
Calendario	Kalender
Decennio	Jahrzehnt
Dopo	Nach
Futuro	Zukunft
Giorno	Tag
Ieri	Gestern
Mattina	Morgen
Mese	Monat
Mezzogiorno	Mittag
Minuto	Minute
Notte	Nacht
Oggi	Heute
Ora	Stunde
Orologio	Uhr
Presto	Bald
Prima	Vor
Secolo	Jahrhundert
Settimana	Woche

Tipi di Capelli
Haartypen

Argento	Silber
Asciutto	Trocken
Bianco	Weiss
Biondo	Blond
Breve	Kurz
Calvo	Kahl
Colorato	Farbig
Grigio	Grau
Intrecciato	Geflochten
Liscio	Glatt
Lungo	Lang
Marrone	Braun
Morbido	Weich
Nero	Schwarz
Riccio	Lockig
Riccioli	Locken
Sano	Gesund
Sottile	Dünn
Spessore	Dick
Trecce	Zöpfe

Uccelli
Vögel

Airone	Reiher
Anatra	Ente
Aquila	Adler
Cicogna	Storch
Cigno	Schwan
Cuculo	Kuckuck
Falco	Falke
Fenicottero	Flamingo
Gabbiano	Möwe
Oca	Gans
Pappagallo	Papagei
Passero	Spatz
Pavone	Pfau
Pellicano	Pelikan
Piccione	Taube
Pinguino	Pinguin
Pollo	Huhn
Struzzo	Strauss
Tucano	Toucan
Uovo	Ei

Universo
Universum

Asteroide	Asteroid
Astronomia	Astronomie
Astronomo	Astronom
Atmosfera	Atmosphäre
Buio	Dunkelheit
Celeste	Himmlisch
Cielo	Himmel
Cosmico	Kosmisch
Emisfero	Hemisphäre
Galassia	Galaxie
Latitudine	Breite
Longitudine	Längengrad
Luna	Mond
Orbita	Orbit
Orizzonte	Horizont
Solare	Solar
Solstizio	Sonnenwende
Telescopio	Teleskop
Visibile	Sichtbar
Zodiaco	Tierkreis

Vacanze #2
Urlaub #2

Aeroporto	Flughafen
Campeggio	Camping
Destinazione	Ziel
Foto	Fotos
Hotel	Hotel
Isola	Insel
Mappa	Karte
Mare	Meer
Passaporto	Pass
Ristorante	Restaurant
Spiaggia	Strand
Straniero	Ausländer
Taxi	Taxi
Tempo Libero	Freizeit
Tenda	Zelt
Trasporto	Transport
Treno	Zug
Vacanza	Urlaub
Viaggio	Reise
Visto	Visum

Veicoli
Fahrzeuge

Aereo	Flugzeug
Ambulanza	Krankenwagen
Auto	Auto
Autobus	Bus
Barca	Boot
Bicicletta	Fahrrad
Camion	Lkw
Caravan	Wohnwagen
Elicottero	Hubschrauber
Metropolitana	U-Bahn
Motore	Motor
Pneumatici	Reifen
Razzo	Rakete
Scooter	Roller
Sottomarino	U-Boot
Taxi	Taxi
Traghetto	Fähre
Trattore	Traktor
Treno	Zug
Zattera	Floss

Verdure
Gemüse

Aglio	Knoblauch
Broccolo	Brokkoli
Carciofo	Artischocke
Carota	Karotte
Cetriolo	Gurke
Cipolla	Zwiebel
Fungo	Pilz
Insalata	Salat
Melanzana	Aubergine
Patata	Kartoffel
Pisello	Erbse
Pomodoro	Tomate
Prezzemolo	Petersilie
Rapa	Rübe
Ravanello	Rettich
Scalogno	Schalotte
Sedano	Sellerie
Spinaci	Spinat
Zenzero	Ingwer
Zucca	Kürbis

Vestiti
Kleidung

Abito	Kleid
Braccialetto	Armband
Camicetta	Bluse
Camicia	Hemd
Cappello	Hut
Cappotto	Mantel
Cintura	Gürtel
Collana	Halskette
Giacca	Jacke
Gonna	Rock
Grembiule	Schürze
Guanti	Handschuhe
Jeans	Jeans
Maglione	Pullover
Moda	Mode
Pantaloni	Hose
Pigiama	Schlafanzug
Sandali	Sandalen
Scarpa	Schuh
Sciarpa	Schal

Congratulazioni

Ce l'hai fatta!

Speriamo che questo libro vi sia piaciuto tanto quanto a noi è piaciuto concepirlo. Ci sforziamo di creare libri della più alta qualità possibile.
Questa edizione è progettata per fornire un apprendimento intelligente, di qualità e divertente!

Le è piaciuto questo libro?

Una Semplice Richiesta

Questi libri esistono grazie alle recensioni che pubblicate.

Puoi aiutarci lasciando una recensione
ora a questo link ?

BestBooksActivity.com/Recensioni50

SFIDA FINALE!

Sfida n°1

Sei pronto per il tuo gioco gratuito? Li usiamo sempre, ma non sono così facili da trovare - ecco i **Sinonimi!**

Scrivi 5 parole che hai trovato nei puzzle (n° 21, n° 36, n° 76) e prova a trovare 2 sinonimi per ogni parola.

Scrivi 5 parole del **Puzzle 21**

Parole	Sinonimo 1	Sinonimo 2

Scrivi 5 parole del **Puzzle 36**

Parole	Sinonimo 1	Sinonimo 2

Scrivi 5 parole del **Puzzle 76**

Parole	Sinonimo 1	Sinonimo 2

Sfida n°2

Ora che ti sei riscaldato, scrivi 5 parole che hai trovato nei puzzle n° 9, n° 17 e n° 25 e cerca di trovare 2 contrari per ogni parola. Quanti ne puoi trovare in 20 minuti?

Scrivi 5 parole del **Puzzle 9**

Parole	Antonimo 1	Antonimo 2

Scrivi 5 parole del **Puzzle 17**

Parole	Antonimo 1	Antonimo 2

Scrivi 5 parole del **Puzzle 25**

Parole	Antonimo 1	Antonimo 2

Sfida n°3

Grande! Questa sfida non è niente per te!

Pronto per la sfida finale? Scegli 10 parole che hai scoperto nei diversi puzzle e scrivile qui sotto.

1.	6.
2.	7.
3.	8.
4.	9.
5.	10.

Ora scrivi un testo pensando a una persona, un animale o un luogo che ti piace.

Puoi usare l'ultima pagina di questo libro come bozza.

La tua composizione:

TACCUINO:

A PRESTO!

Tutta la Squadra

BESTACTIVITYBOOKS.COM/FREEGAMES

www.ingramcontent.com/pod-product-compliance
Lightning Source LLC
Chambersburg PA
CBHW080222081025
33728CB00059B/3443